俄罗斯
Éluósī

黑龙江省
Hēilóngjiāng Shěng

哈尔滨
Hā'ěrbīn

内蒙古自治区
Nèiměnggǔ Zìzhìqū

长春
Chángchūn

吉林省
Jílín Shěng

辽宁省
Liáoníng Shěng

北京市
Běijīng Shì

集安
jí'ān

日本海
Rìběnhǎi

呼和浩特
Hūhéhàotè

沈阳
Shěnyáng

大同
Dàtóng

石家庄
Shíjiāzhuāng

天津市
Tiānjīn Shì

大连
Dàlián

渤海
Bóhǎi

朝鲜
Cháoxiǎn

日本
Rìběn

东京
Dōngjīng

太原
Tàiyuán

河北省
Héběi Shěng

济南
Jǐnán

韩国
Hánguó

山西省
Shānxī Shěng

山东省
Shāndōng Shěng

青岛
Qīngdǎo

郑州
Zhèngzhōu

江苏省
Jiāngsū Shěng

黄海
Huánghǎi

洛阳
Luòyáng

河南省
Hénán Shěng

合肥
Héféi

扬州
Yángzhōu

苏州
Sūzhōu

湖北省
Húběi Shěng

安徽省
Ānhuī Shěng

南京
Nánjīng

上海市
Shànghǎi Shì

武汉
Wǔhàn

杭州
Hángzhōu

东海
Dōnghǎi

长沙
Chángshā

南昌
Nánchāng

浙江省
Zhèjiāng Shěng

湖南省
Húnán Shěng

江西省
Jiāngxī Shěng

福建省
Fújiàn Shěng

福州
Fúzhōu

台北
Táiběi

广东省
Guǎngdōng Shěng

深圳
Shēnzhèn

厦门
Xiàmén

台湾
Táiwān

广州
Guǎngzhōu

澳门
Àomén

香港
Xiānggǎng

海口
Hǎikǒu

南海
Nánhǎi

★ 首都
▲ 直辖市
■ 特别行政区
● 省都
□ 有名都市
〰 万里の長城

エッセンシャル チャイニーズ

中国語の

二訂版

廖 伊庄・利波雄一

駿河台出版社
SURUGADAI SHUPPANSHA

表紙・本文デザイン　小熊未央
本文イラスト　霜田あゆ美
表紙絵　あやぺん

音声について

本書の音声は、下記サイトより無料でダウンロード、
およびストリーミングでお聴きいただけます。

http://www.e-surugadai.com/books/isbn978-4-411-03147-1/

＊ご注意
・PC からでも、iPhone や Android のスマートフォンからでも音声を再生いただけます。
・音声は何度でもダウンロード・再生いただくことができます。
・当音声ファイルのデータにかかる著作権・その他の権利は駿河台出版社に帰属します。
　無断での複製・公衆送信・転載は禁止されています。

はじめに

　本書『エッセンシャル　チャイニーズ— 中国語の要^{core} —』は、中国語を学ぶことを通して中国及びその文化に直接触れたいと思っている人のために編纂されました。

　著者は、これまでに数冊のテキストを上梓してきましたが、今からふり返ってみますと、「これも入れたい」、「あの用法も重要だ」、「この項目も捨てがたい」等々との考えに捉われ、初級テキストとしては、いわゆる総花的な傾向がなかったとはいえません。

　本書は、この反省の上に立ち、今後継続して中国語を学んでゆくために、できるだけフォーカスをしぼり、初級中国語の必修事項を精選いたしました。これが『エッセンシャル　チャイニーズ— 中国語の要^{core} —』と名付けたゆえんです。

　「ウォーミングアップ」では、中国語の学習に必要な標準語（**普通话**）、簡体字、拼音（発音記号）などの基礎知識を紹介しています。

　「発音篇」では、「言葉は音である」との信念にもとづき、多くのページを割いて、四声、母音、子音、音節表の見方などを、発音練習を交えながらわかりやすく解説しています。特に漢字を共用してきた日本人は、耳より目に頼りがちなので、先ずくり返し音を聴き且つ口に出すことにより、音に慣れることが大切です。

　また、「授業用語」を用意いたしました。授業の進行にあわせてご利用いただければと考えています。

　「会話篇」は、全10課からなり、各課は「会話文」「新出語句」「解説」「ミニ辞書」「タスク」の順に並んでいます。さらに、疑問文のまとめとして第3、7、10課に「学而时习之」を付け加えました。先ず、「新出語句」の発音練習から入り、「解説」で文法事項を理解し、「会話文」の中において、どのようなシチュエーションでその語句が使われているのか、実践練習を通して語感を身につけ、「タスク」と「学而时习之」で確実なものにしてください。特に「ミニ辞書」を参照しながら作文にとりくむことにより、語彙もふえ確実に中国語の力がアップすると確信しています。

　新出単語については、「会話文」の後に「新出語句」欄を設けるとともに、巻末にアルファベット順の「単語索引」を付けましたので、辞書としてご利用ください。

　また一服の清涼剤となることを願って、適宜味わい深いイラストに漢詩の一句をそえて、四季の行事を紹介しています。詩の背景や当時の風俗習慣を調べてみるのもおもしろいでしょう。

　なお、今回は砂井紫里さんに校閲など多大なご尽力をいただきました。

　最後に、本書を出版するにあたり、駿河台出版社社長の井田洋二氏、浅見忠仁氏をはじめ、スタッフのみなさまには大変お世話になりました。心より感謝いたします。

2023 年春

著　者

目次

① 漢語・標準語

　中国は 56 個の民族からなる 14 億あまりの人口を有する。およそ 92％を占める漢民族の言語「漢語」を共通語に定め、尚、1955 年に、北方方言を基礎に、北京語の発音を標準語音とし、典型的な現代口語による作品を文法的規範とする言葉を「標準語」（「普通话 pǔtōnghuà」）と定めた。

② 繁体字・簡体字

　漢字は長い間、中国、日本、朝鮮半島等で使われて来たが、近代になってから、各国はおのおのの漢字政策を採り、漢字の統廃合を行ってきた。中国においては、1949 年に「新中国」即ち「中華人民共和国」が成立してから、国の政策として「簡化字」運動を推し進めてきた。そして 1956 年に中国政府は「漢字簡化方案」を公表し、さらに 1964 年に「簡化字総表」を公表した。なお、旧漢字を「繁体字 fántǐzì」、それを簡略化したものを「簡体字 jiǎntǐzì」と呼ぶ。

　「簡体字」の主な簡略方法は、

⑴　漢字の一部分を使う　　　雲⇒云　　業⇒业　　習⇒习　　開⇒开
⑵　漢字の輪郭を残す　　　　馬⇒马　　鳥⇒鸟　　飛⇒飞　　門⇒门
⑶　草書から転用する　　　　書⇒书　　車⇒车　　東⇒东　　為⇒为
⑷　同音字で代用する　　　　穀⇒谷　　億⇒亿　　醜⇒丑　　機⇒机
⑸　記号化する　　　　　　　漢⇒汉　　観⇒观　　僅⇒仅　　聖⇒圣

　などがある。

　「簡体字」には、天⇒天、画⇒画、骨⇒骨、称⇒称 のように、現在日本で使っている漢字と微妙に違ったり、同じ言葉でも、「手纸　大家　老婆　怪我」のように、日本語と中国語では意味が異なる場合がある。

3 外来語

中国語の表記はすべて漢字を使用するので、外来語も卡拉OK（カラオケ）などごく一部の例外を除いて漢字で表記しなければならない。そこで、外来語を導入するときは、以下の方法を用いて、それを漢字化する。

(1) **音译法**：奥林匹克 Àolínpǐkè ／ 可口可乐 Kěkǒukělè
(2) **意译法**：热狗 règǒu ／ 电脑 diànnǎo ／ 机器人 jīqìrén
(3) **音译＋意译／意译＋音译法**：保龄球 bǎolíngqiú ／ 星巴克 Xīngbākè

4 拼音（発音記号）

中国語の発音は、声（子音）・韻（母音）・調（声調）の三つの要素からなり、一つの漢字が一音節となる。

現在、中国では、1958年に公表された中国式ローマ字つづり、いわゆるピンイン（「汉语拼音 Hànyǔ pīnyīn」）という発音記号が使われている。日本式ローマ字つづりとは違うので、よく注意して学ばなければならない。

1910年代まで使われた表音法は「反切法」といい、「A漢字の子音＋B漢字の母音＋B漢字の声調＝C漢字の発音」*といった手法がとられていたが、1910年代には「注音法」が作られ、「ㄅㄆㄇㄈㄉㄊㄋㄌ」などのような特殊な記号で音を表記する。ちなみに、台湾では、今もこの「注音法」を使用しているが、外国人の中国語研修時にはピンインも使われるようになってきた。

＊例えば"楚"の発音を示すのに、"楚，春五切"あるいは"楚，春五反"の形であらわし、"春 chūn"の声母（子音）"ch"と"五 wǔ"の韻母（母音）と声調"ǔ"の組み合せ（"ch"＋"ǔ"）で、"楚"の発音は"chǔ"となる。
　"春 chūn" ＋ "五 wǔ" → "楚 chǔ"

1 **音節**：「子音＋母音＋声調」からなる。原則として、一つの**漢字**は**一音節で一拍**になる。

熊　　　　猫
xióng　　　māo

子音　母音・声調　　子音　母音・声調

＊漢字の読み方は基本一つのみであるが、二つ以上の読み方を持つ漢字、いわゆる「**多音字**」もある。

大学　　　大夫　　　　长城　　　成长
dàxué　　dàifu　　　Chángchéng　chéngzhǎng

＊漢字は造語力が優れている。

熊＝クマ　　猫＝ネコ　　熊猫＝パンダ

2 **四声**：中国語の独特なイントネーション

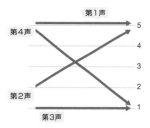

第1声　第4声　5
　　　4
　　　3
第2声　2
第3声　1

第**1**声：高く平らにのばす
第**2**声：いきなりあげる
第**3**声：低く抑える
第**4**声：いきなりさげる

※図は音程のイメージである

001　妈 mā　　麻 má　　马 mǎ　　骂 mà
　　　一 yī　　疑 yí　　椅 yǐ　　亿 yì

＊声調の変化Ｉ

第3声には下記の声調変化が生じる。

① 第3声が一音節のみの場合や最後尾の音節となる場合は抑える感覚をほぐす。

002　　　五 wǔ　　　九 jiǔ　　　好 hǎo

② 第3声が続く場合は、前の第3声は第2声に変化する。

003　　　你好 nǐ hǎo　　　我很好 wǒ hěn hǎo

3 **軽声**：元の声調を失い軽く発音する

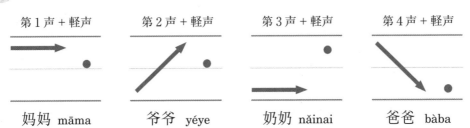

| 第1声＋軽声 | 第2声＋軽声 | 第3声＋軽声 | 第4声＋軽声 |

004　妈妈 māma　　　爷爷 yéye　　　奶奶 nǎinai　　　爸爸 bàba

005　**4**　**単母音** = 6 個

a　　　口を大きく開いて「ア」

o　　　唇を丸めて「オ」

e　　　口をポカンと開け、のどの奥から発音

i（**yi**）　唇を両端に引いて「イ」

u（**wu**）　唇をすぼめて「ウ」

ü（**yu**）　唇をすぼめて「イ」

　　　　　＊（　）は単独で使うときの表記。

006　**5**　**そり舌母音** = 1 個

er　　「e」の発音をしながら舌先を上へそらす

007　発 | 音 | 練 | 習 | 1

ā　á　ǎ　à　　　ō　ó　ǒ　ò　　　ē　é　ě　è
yī　yí　yǐ　yì　　　wū　wú　wǔ　wù　　　yū　yú　yǔ　yù
ēr　ér　ěr　èr

008　**6**　**複母音** = 13 個

ai	ei	ao	ou	
ia (ya)	ie (ye)	ua (wa)	uo (wo)	üe (yue)
iao (yao)	iou (you) -iu	uai (wai)	uei (wei) -ui	

＊「ei・ie・üe」の中の「e」は単母音の「e」の音とはちがう。

＊「uo」は実際には「u」＋単母音の「e」の音である。

＊「iou・uei」は子音と組む場合「-iu・ui」と表記する。

発
音

🎤 009　**7**　**鼻母音** = 16 個（n 8 個 + ng 8 個）

an	ang	en	eng	ong
ian (yan)	iang (yang)	in (yin)	ing (ying)	iong (yong)
uan (wan)	uang (wang)	uen (wen) -un	ueng (weng)	
üan (yuan)		ün (yun)		

＊「uen」は子音と組む場合「-un」と表記する。

8　**声調の付け方**

1. 「a」があれば「a」の上 　　　　　　 ài　　yāo　　wài
2. 「a」がなければ、「o」か「e」の上 　 yóu　　wèi
3. 「-iu」「-ui」は後ろの方につける 　　 jiǔ　　duì
4. 「i」は点をとってつける 　　　　　　 yī　　huì

🎤 010　**9**　**子音** = 21 個

	無気音	有気音	鼻音	摩擦音	側面音
両唇音	b(o)	p(o)	m(o)		
唇歯音				f(o)	
舌尖音	d(e)	t(e)	n(e)		l(e)
舌根音	g(e)	k(e)		h(e)	
舌面音	j(i)	q(i)		x(i)	
そり舌音	zh(i)	ch(i)		sh(i) r(i)	
舌歯音	z(i)	c(i)		s(i)	

＊「zhi chi shi ri zi ci si」についている「i」は通常の［i］の音ではない。

🎤 011　　発音練習 2

八 bā － 趴 pā　　　肚 dù － 兔 tù　　　鼓 gǔ － 苦 kǔ
鸡 jī － 七 qī　　　炸 zhá － 茶 chá　　在 zài － 菜 cài
发 fā － 花 huā　　乐 lè － 热 rè　　　细 xì － 是 shì

10

10 **「er」化音**：音節の末尾に「r」がつくこと。

　表記方法として、ピンインの後に「r」、漢字の後に「儿」を付ける。「er」化された後の音節も一音節一拍のままである。

012 発音練習 3

芽儿 yár	豆儿 dòur	孩儿 háir
汁儿 zhīr	玩儿 wánr	空儿 kòngr

11 **隔音記号**：母音で終わる音節に母音で始まる音節が続く場合や、「n・ng」で終わる音節に母音で始まる音節が続く場合に用いる。

十二 shí'èr	女儿 nǚ'ér	恋爱 liàn'ài
西安 xī'ān / 先 xiān	方案 fāng'àn / 反感 fǎngǎn	

013 **12** **声調組合せ練習**

	＋第1声	＋第2声	＋第3声	＋第4声	＋軽声
第1声	公司 gōngsī 会社	中国 Zhōngguó 中国	微软 Wēiruǎn マイクロソフト	推特 tuītè ツイッター	多了 duōle 多かった
第2声	研发 yánfā 研究開発	学习 xuéxí 学習	苹果 píngguǒ リンゴ	邮件 yóujiàn メール	得了 déle もういい
第3声	谷歌 Gǔgē グーグル	法国 Fǎguó フランス	雅虎 Yǎhǔ ヤフー	网页 wǎngyè ウェブページ	有了 yǒule あった
第4声	乐观 lèguān 楽観	地图 dìtú 地図	数码 shùmǎ デジタル	电话 diànhuà 電話	对了 duìle そうだ

13 家族の呼称

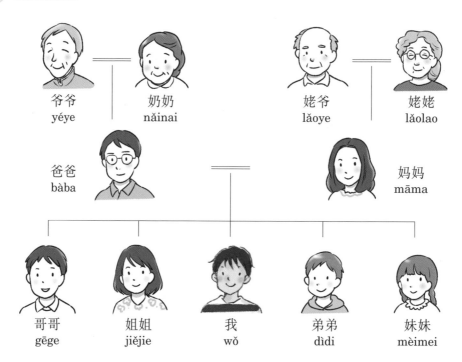

爷爷 yéye　　奶奶 nǎinai　　姥爷 lǎoye　　姥姥 lǎolao

爸爸 bàba　　妈妈 māma

哥哥 gēge　　姐姐 jiějie　　我 wǒ　　弟弟 dìdi　　妹妹 mèimei

14 数字の言い方

零 líng	一 yī	二 èr	三 sān	四 sì
五 wǔ	六 liù	七 qī	八 bā	九 jiǔ
十 shí	百 bǎi	千 qiān	万 wàn	亿 yì

1. 100、1000 は一百、一千という。

　　10 ～ 19 以外の十の位も一を入れて一十という。

　　　　　110 ⇒ 一百一十　　　　1111 ⇒ 一千一百一十一

2. 三桁以上の数の間に「0」がある場合、「0」がつながっているとき、「零」は一回のみ読む。
　　つながっていない場合は各々読む。

　　　　　101 ⇒ 一百零一　　　　　1001 ⇒ 一千零一

　　　　10001 ⇒ 一万零一　　　　10101 ⇒ 一万零一百零一

3. 三桁以上の数で間に「0」がない場合、末尾の位数は省略できる。

　　　　　110 ⇒ 一百一　　　　　1100 ⇒ 一千一

　　　　11000 ⇒ 一万一　　　　11100 ⇒ 一万一千一

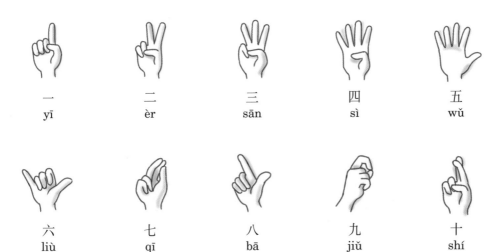

一	二	三	四	五
yī	èr	sān	sì	wǔ
六	七	八	九	十
liù	qī	bā	jiǔ	shí

＊声調の変化Ⅱ

「一」（yī）は下記の声調変化が生じる。

第1・2・3声の前の場合は第4声に、第4声の前の場合は第2声になる。

016　一般 yìbān　　一年 yìnián　　一起 yìqǐ　　一共 yígòng
　　　一百 yìbǎi　　一千 yìqiān　　一万 yíwàn　　一亿 yíyì

Task
タスク　　下記の数字のピンインを書いて読み上げ、どういう数字なのかを調べなさい。

14 亿 1,178 万（2020.11 現在）　..

960 万（平方公里 píngfāng gōnglǐ＝㎢）　..

8,848.86（米 mǐ＝m）（2020.12 現在）　..

6,300（公里 gōnglǐ＝km）　..

1964/1988/2008/2020（年 nián）　..

15 【音節表の見方】

「ong」「-i」以外は単独表記できる。

母音 / 子音	A 組														i	ia	iao	ie
	a	o	e	er	ai	ei	ao	ou	an	en	ang	eng	ong	-i	i	ia	iao	ie
子音なし	a	o	e	er	ai	ei	ao	ou	an	en	ang	eng			yi	ya	yao	ye
b	ba				bai	bei	bao		ban	ben	bang	beng			bi		biao	bie
p	pa				pai	pei	pao	pou	pan	pen	pang	peng			pi		piao	pie
m	ma		me		mai	mei	mao	mou	man	men	mang	meng			mi		miao	mie
f	fa					fei		fou	fan	fen	fang	feng						
d	da		de		dai	dei	dao	dou	dan	den	dang	deng	dong		di	dia	diao	die
t	ta		te		tai	tei	tao	tou	tan		tang	teng	tong		ti		tiao	tie
n	na		ne		nai	nei	nao	nou	nan	nen	nang	neng	nong		ni		niao	nie
l	la	lo	le		lai	lei	lao	lou	lan		lang	leng	long		li	lia	liao	lie
g	ga		ge		gai	gei	gao	gou	gan	gen	gang	geng	gong					
k	ka		ke		kai	kei	kao	kou	kan	ken	kang	keng	kong					
h	ha		he		hai	hei	hao	hou	han	hen	hang	heng	hong					
j															ji	jia	jiao	jie
q															qi	qia	qiao	qie
x															xi	xia	xiao	xie
zh	zha		zhe		zhai	zhei	zhao	zhou	zhan	zhen	zhang	zheng	zhong	zhi				
ch	cha		che		chai		chao	chou	chan	chen	chang	cheng	chong	chi				
sh	sha		she		shai	shei	shao	shou	shan	shen	shang	sheng		shi				
r			re				rao	rou	ran	ren	rang	reng	rong	ri				
z	za		ze		zai	zei	zao	zou	zan	zen	zang	zeng	zong	zi				
c	ca		ce		cai	cei	cao	cou	can	cen	cang	ceng	cong	ci				
s	sa		se		sai		sao	sou	san	sen	sang	seng	song	si				

子音なしの「i-」は「y-」と表記。但し「i・in・ing」は「yi・yin・ying」とする

子音なしの「u-」は「w-」と表記。但し「u」は「wu」とする。

子音なしの「ü」は「yu」と表記。

「jü・qü・xü」の「ü」は「u」と表記。

B 組						C 組									D 組			
iou -iu	ian	in	iang	ing	iong	u	ua	uo (-o)	uai	uei -ui	uan	uen -un	uang	ueng	ü	üe	üan	ün
you	yan	yin	yang	ying	yong	wu	wa	wo	wai	wei	wan	wen	wang	weng	yu	yue	yuan	yun
	bian	bin		bing		bu		bo										
	pian	pin		ping		pu		po										
miu	mian	min		ming		mu		mo										
						fu		fo										
diu	dian			ding		du		duo		dui	duan	dun						
	tian			ting		tu		tuo		tui	tuan	tun						
niu	nian	nin	niang	ning		nu		nuo			nuan	nun			nü	nüe		
liu	lian	lin	liang	ling		lu		luo			luan	lun			lü	lüe		
						gu	gua	guo	guai	gui	guan	gun	guang					
						ku	kua	kuo	kuai	kui	kuan	kun	kuang					
						hu	hua	huo	huai	hui	huan	hun	huang					
jiu	jian	jin	jiang	jing	jiong										ju	jue	juan	jun
qiu	qian	qin	qiang	qing	qiong										qu	que	quan	qun
xiu	xian	xin	xiang	xing	xiong										xu	xue	xuan	xun
						zhu	zhua	zhuo	zhuai	zhui	zhuan	zhun	zhuang					
						chu	chua	chuo	chuai	chui	chuan	chun	chuang					
						shu	shua	shuo	shuai	shui	shuan	shun	shuang					
						ru	rua	ruo		rui	ruan	run						
						zu		zuo		zui	zuan	zun						
						cu		cuo		cui	cuan	cun						
						su		suo		sui	suan	sun						

🎤 017 ▐ 授業用語・1 ※〔 〕は言い替えできる、（ ）は省略できるとして区別する。以下の頁も同じ。

1. 到点了。现在开始上课。 Dàodiǎn le. Xiànzài kāishǐ shàng kè.
   時間になりました。今から授業を始めます。

2. 请站起来。 Qǐng zhàn qǐlai. ／请坐下。 Qǐng zuò xia.
   立ってください。／座りなさい。

3. 老师好。 Lǎoshī hǎo. ／同学们好。 Tóngxué men hǎo. ／大家好。 Dàjiā hǎo.
   先生こんにちは。／学生諸君こんにちは。／みなさんこんにちは。

4. 先点名。 Xiān diǎn míng. 某某同学！ ／到。 Mǒumǒu tóngxué! / Dào!
   まず出席を取ります。某君！／はい。

5. 今天学习第～课。 Jīntiān xuéxí dì ～ kè.
   今日は第～課を学習します。

6. 先听写［默写 抄写］生词［单词］。 Xiān tīngxiě [mòxiě chāoxiě] shēngcí [dāncí].
   先ず新出単語［単語］の書き取り［空書き、書き写し］をします。

🎤 018 ▐ 授業用語・2

1. 请打开书。 Qǐng dǎkāi shū. ／请合上书。 Qǐng héshang shū.
   本を開きなさい。／本を閉じなさい。

2. 请看第１页。 Qǐng kàn dìyīyè. ［黑板 hēibǎn 屏幕 píngmù］
   第１ページを見なさい。［黒板　スクリーン］

3. 请跟我念。 Qǐng gēn wǒ niàn. ／接着。 Jiēzhe.
   後について読みなさい。／続けて。

4. 请再说一次。 Qǐng zài shuō yícì.
   もう一度言ってください。

5. 请到前边来。 Qǐng dào qiánbiān lái. ／请回座位去。 Qǐng huí zuòwèi qù.
   前に来なさい。／席に戻りなさい。

6. 请一起背课文，预备齐。 Qǐng yìqǐ bèi kèwén，yù bèi qí. ／停。 Tíng.
   一緒に本文を暗唱しなさい。一、二、の三、はい。／ストップ。

🎤 019 ▐ 授業用語・3

1. 请回答（我的）问题。 Qǐng huídá (wǒ de) wèntí. ／对了。 Duìle. ・不对。 Búduì.
   （私の）質問に答えなさい。／正解。・不正解。

2. 明白吗？ Míngbai ma? ・明白了吗？ Míngbai le ma?
   ／明白。 Míngbai. ・明白了。 Míngbai le.
   　不明白 Bù míngbai. ・没明白 Méi míngbai.
   わかりますか。・わかりましたか。／はい。・いいえ。

3. 知道吗？ Zhīdaoma? ／知道。 Zhīdao. ・不知道。 Bùzhīdào.
知っていますか。／はい・いいえ。

4. 请告诉我，「～」是什么意思？ Qǐng gàosu wǒ,「～」shì shénme yìsi?
「～」はどういう意味なのか、教えてください。

「～」的意思是「～」。「～」de yìsi shì「～」.
「～」の意味は「～」です。

5. 这个字怎么念？ Zhèige zì zěnme niàn?
この字はどう読みますか。

那个字念「～」。 Nèige zì niàn「～」.
その字の読み方は「～」です。

6. 「～」用中文怎么说？「～」yòng Zhōngwén zěnme shuō?
「～」は中国語で何と言いますか。

「～」用中文说（是）「～」。「～」yòng Zhōngwén shuō (shì)「～」.
「～」は中国語で「～」と言います。

020 授業用語・4

1. 有问题吗？ Yǒu wèntí ma? ・还有（问题）吗？ Háiyǒu (wèntí) ma?
質問がありますか。　　　　　　・まだ（質問が）ありますか。
有。 Yǒu. ・没有。 Méiyǒu.
はい。　　　・いいえ。
还有 一个（问题）。 Háiyǒu yíge (wèntí). ・没有了。 Méiyǒu le.
もう一つ（質問が）あります。　　　　　　　　　・もうありません。

2. （今天）就到这儿。休息十分钟。［下课。解散。］
(Jīntiān) jiù dào zhèr. Xiūxi shífēnzhōng.［Xiàkè. Jiěsàn.］
（今日は）ここまでにします。10分間休憩します。［授業が終わります。解散します。］

3. 再见。下星期（三）见。 Zàijiàn. Xiàxīngqī (sān) jiàn.
さようなら。また来週（の水曜日）に会いましょう。

4. 麻烦您了。 Máfan nín le. ／不客气。 Bú kèqi.
お手数をかけました。／気にしないでください。

5. 对不起。 Duìbuqǐ. ／没关系。 Méiguānxi.
すみません。／気にしないで。

6. 谢谢。 Xièxie. ／不谢。 Búxiè.
ありがとう。／どういたしまして。

初次见面
Chū cì jiàn miàn

🎤 021

会話文

Ⓐ 您 好。 请 问， 您 贵 姓?
Nín hǎo. Qǐng wèn, nín guì xìng?

Ⓑ 免贵， 姓 何， 叫 何 平。
Miǎn guì, xìng Hé, jiào Hé Píng.

Ⓐ 我 姓 田中， 叫 田中 太郎。
Wǒ xìng Tiánzhōng, jiào Tiánzhōng Tàiláng.

Ⓑ 初次 见面， 请 多 关照。
Chūcì jiàn miàn, qǐng duō guānzhào.

Ⓐ 彼此 彼此。 认识 你， 很 高兴。
Bǐcǐ bǐcǐ. Rènshi nǐ hěn gāoxìng.

Ⓑ 我 也 很 高兴。
Wǒ yě hěn gāoxìng.

春节（元旦）
chūnjié yuándàn

爆竹声中一岁除，春风送暖入屠苏。
bàozhú shēng zhōng yísuìchú chūnfēng sòng nuǎn rù túsū

《元日》北宋・王安石
yuánrì Běisòng Wáng Ānshí

🎤022

□ 初次 chūcì	初めて
□ 见面 jiàn miàn	顔を合わせる、会う
□ 您好 nínhǎo	こんにちは、「你好」の丁寧な表現
□ 请问 qǐngwèn	お尋ねしますが
□ 贵姓 guìxìng	ご芳名は？
□ 免贵 miǎnguì	恐れ入ります（謙譲語）「貴」というほどの者ではありませんが
□ 姓〜 xìng	（姓）〜という
□ 叫〜 jiào	（フルネーム）〜という

□ 何平 Hé Píng	人名
□ 请 qǐng	どうぞ〜をしてください
□ 多 duō	大いに
□ 关照 guānzhào	面倒をみる
□ 彼此彼此 bǐcǐ bǐcǐ	お互い様です、どういたしまして、こちらこそ
□ 认识 rènshi	知り合う
□ 很 hěn	とても
□ 高兴 gāoxìng	うれしい
□ 也 yě	〜も

解 説

🎤023 **①** 　**人称代名詞**

	第一人称	第二人称	第三人称	疑問詞
単数	我 wǒ わたし	你　您 nǐ　nín あなた	他　她　它 tā 彼　彼女　それ	谁 shéi　shuí だれ
複数	我们　咱们 wǒmen　zánmen わたしたち	你们 nǐmen あなたたち	他们　她们　它们 tāmen 彼たち　彼女たち　それら	

🎤024 **②** 　**動詞述語文**：動詞を述語とする文。

語順：主語（＋修飾語）＋述語（＝動詞）＋目的語。

1　我 认识 他，他 不 认识 我。　　Wǒ rènshi tā, tā bú rènshi wǒ.

2　他 姓 赵，叫 赵 伟。　　Tā xìng Zhào, jiào Zhào Wěi.

3　他 学 中文，我 也 学 中文。　　Tā xué Zhōngwén, wǒ yě xué Zhōngwén.

19

025 **3** ● **形容詞述語文**：形容詞を述語とする文。

語順：主語（＋修飾語）＋述語（＝形容詞）。

1 我 很 幸福。　　　　Wǒ hěn xìngfú.

2 中文 比较 容易。　　Zhōngwén bǐjiào róngyi.

3 饺子 特别 好吃。　　Jiǎozi tèbié hǎochī.

026 **4** ● **修飾語（副詞）**：否定副詞「不 bù ではない」、範囲副詞「也 yě も」・「都 dōu みんな」、程度副詞「很 hěn とても」・「比较 bǐjiào わりと」等は、述語の前に置かれ、連用修飾語となる。

1 中文 不 难。　　　　Zhōngwén bù nán.

2 她 也 姓 赵。　　　　Tā yě xìng Zhào.

3 大家 都 很 高兴。　　Dàjiā dōu hěn gāoxìng.

＊**声調の変化Ⅲ**

「不 bù」は第4声の前に来る場合は、第2声で発音する。

027

不 去 bú qù　　　　不 对 bú duì　　　　不 会 bú huì　　　　不 谢 bú xiè

吃 chī 食べる // 喝 hē 飲む // 看 kàn 見る // 听 tīng 聞く // 学 xué 学ぶ // 指教 zhǐjiào 指導する // 去 qù 行く // 不谢 búxiè どういたしまして // 学生们 xuéshengmen 学生たち // 大家 dàjiā 皆さん // 赵伟 ZhàoWěi 趙偉（人名） // 中文 Zhōngwén 中国語 // 汉语 Hànyǔ 中国語 // 日语 Rìyǔ 日本語 // 英文 Yīngwén 英語 // 数学 shùxué 数学 // 饺子 jiǎozi 餃子 // 包子 bāozi 肉まん、餡まん // 面条 miàntiáo うどん、ラーメンなど麺類 // 绿茶 lǜchá 緑茶 // 红茶 hóngchá 紅茶 // 茉莉花茶 mòlìhuāchá ジャスミン茶 // 电影 diànyǐng 映画 // 音乐 yīnyuè 音楽 // 好吃 hǎochī （食べ物が）美味しい // 好喝 hǎohē （飲み物が）美味しい // 好看 hǎokàn （見た目が）きれい // 好听 hǎotīng （聞く音が）きれい // 难 nán 難しい // 容易 róngyì 易しい // 有意思 yǒuyìsi 面白い // 没(有)意思 méi(yǒu)yìsi つまらない // 幸福 xìngfú 幸せである // 悲伤 bēishāng 悲しい // 荣幸 róngxìng 光栄だ // 对 duì そのとおり、正しい // 不 bù ～ではない // 都 dōu みんな // 非常 fēicháng 非常に // 真 zhēn 本当に // 特别 tèbié とりわけ // 有(一)点儿 yǒu(yì)diǎnr 少し // 比较 bǐjiào わりと

1 次のピンインを漢字に書き直しなさい。

wǒ	_____	nǐ	_____	nín	_____
zánmen	_____	tā	_____	shéi	_____
shuí	_____	Zhōngwén	_____	dàjiā	_____

2 次の漢字にピンインをつけなさい。

认识	_____	高兴	_____	学生	_____
请	_____	初次	_____	见面	_____
关照	_____	很多	_____	贵姓	_____

3 下記の空欄を埋め、文を完成しなさい。

❶ 你姓什么?　　　　　　　我姓 _____ 。

❷ 你叫什么名字?　　　　　我叫 _____ 。

❸ 您 _____ 姓?　　　免贵，姓 _____ 。

❹ 初次 _____ ，请多 _____ 。

❺ 认识 _____ ，很 _____ 。

4 下記の文を中国語に訳しなさい。

❶ 私は餃子を食べる。餃子がとても美味しい。

　_____

❷ 彼は緑茶を飲む。緑茶が本当に美味しい。

　_____

❸ 私たちは映画を見る。映画はとりわけ面白い。

　_____

❹ 彼女たちは音楽を聴く。音楽が非常にきれいだ。

　_____

❺ 学生たちは数学を勉強する。数学は少し難しい。

　_____

你 是 留学生 吗？
Nǐ shì liú xué shēng ma?

028

会話文

(A) 你 是 留学生 吗？
Nǐ shì liúxuéshēng ma?

(B) 是， 我 是 留学生。 你 呢？
Shì, wǒ shì liúxuéshēng. Nǐ ne?

(A) 我 也 是 留学生。
Wǒ yě shì liúxuéshēng.

(B) 你 是 哪个 系 的 学生？
Nǐ shì nǎge xì de xuésheng?

(A) 我 是 情报系 的。
Wǒ shì qíngbàoxì de.

(B) 你 学 什么 专业？
Nǐ xué shénme zhuānyè?

(A) 我 学 程序 设计。
Wǒ xué chéngxù shèjì.

(B) 真的?! 我 和 你 一样。
Zhēnde?! Wǒ hé nǐ yíyàng.

元宵节
yuán xiāo jié

东风夜放花千树， 更吹落， 星如雨。
dōngfēng yè fàng huā qiānshù gèng chuī luò xīng rú yǔ

《青玉案·元夕》南宋·辛弃疾
qīngyù'àn yuánxī Nánsòng Xīn Qìjí

新出語句

□ 是 shì	です、である	□ 情报 qíngbào	情報
□ 留学生 liúxuéshēng	留学生	□ 什么 shénme	なに、どんな
□ 吗 ma	〜か	□ 专业 zhuānyè	専門、専攻
□ 呢 ne	〜は	□ 程序设计 chéngxù shèjì	プログラミング
□ 哪 nǎ	どれ、どの	□ 真的 zhēnde	本当に
□ 个 ge	（助数詞）個	□ 和 hé	と
□ 系 xì	学部	□ 一样 yíyàng	同じだ
□ 的 de	の		

2

解　説

030

① 判断文：判断動詞「是 shì」を用いる文。A＝B。A は B である。

語順：A　是　B。

①	我 是 日本 人。	Wǒ shì Rìběn rén.
②	老师 是 中国 人。	Lǎoshī shì Zhōngguó rén.
③	她 是 我 的 同班 同学。	Tā shì wǒ de tóngbān tóngxué.

031

② 疑問文 I

1．**一般疑問文**：陳述文の最後に「〜吗 ma?」＝「〜か。」を付け、事実の是非を確かめる。

☞ ほかに疑問の要素がある場合、「吗」は使わない。

①	你 是 大学生 吗?	Nǐ shì dàxuéshēng ma?
	是，我 是（大学生）。	Shì, wǒ shì (dàxuéshēng).
	不（是），我 不 是（大学生）。	Bù (shì), wǒ bú shì (dàxuéshēng).
②	你 学 英语 吗?	Nǐ xué Yīngyǔ ma?
	学，我 学（英语）。	Xué, wǒ xué (Yīngyǔ).
	不（学），我 不 学（英语）。	Bù (xué), wǒ bù xué (Yīngyǔ).
③	专业课 难 吗?	Zhuānyè kè nán ma?
	难，专业课 很 难。	Nán, zhuānyè kè hěn nán.
	不（难），专业课 不 难。	Bù (nán), zhuānyè kè bù nán.

2. 省略疑問文:「〜呢 ne?」=「〜は。」

① 他 是 老师，你 呢？　　　　　　　Tā shì lǎoshī, nǐ ne?
　 我 也 是 老师。　　　　　　　　　Wǒ yě shì lǎoshī.
　 我 不 是 老师。　　　　　　　　　Wǒ bú shì lǎoshī.

② 你 学 经济，你 女 朋友 呢？　　　Nǐ xué jīngjì, nǐ nǚ péngyou ne?
　 她 也 学 经济。　　　　　　　　　Tā yě xué jīngjì.
　 她 不 学 经济。　　　　　　　　　Tā bù xué jīngjì.

③ 英文 很 容易，中文 呢？　　　　　Yīngwén hěn róngyi, Zhōngwén ne?
　 中文 也 很 容易。　　　　　　　　Zhōngwén yě hěn róngyi.
　 中文 不 太 容易。　　　　　　　　Zhōngwén bú tài róngyi.

3. 疑問詞疑問文:誰 shéi（だれ）　哪个 nǎge（どの）　什么 shénme（なに・どんな）
　　　　　　　　怎么样 zěnmeyàng（どう）等の疑問詞を用いる。

① 他 是 谁？/ 谁 是 田中 太郎？　Tā shì shéi? / Shéi shì Tiánzhōng Tàiláng?
　 他 是 田中 太郎。　　　　　　　　Tā shì Tiánzhōng Tàiláng.

② 你 是 哪个 系 的 学生？/ 谁 是 工学 系 的 学生？
　　　　　　　　　　　Nǐ shì nǎge xì de xuésheng? / Shuí shì gōngxué xì de xuésheng?
　 我 是 工学 系 的（学生）。　　　Wǒ shì gōngxué xì de (xuésheng).

③ 你 学 什么？/ 谁 学 物理？　　　Nǐ xué shénme? / Shéi xué wùlǐ?
　 我 学 物理。　　　　　　　　　　Wǒ xué wùlǐ.

④ 专业课 怎么样？/ 什么课 特别 难？
　　　　　　　　　　　Zhuānyè kè zěnmeyàng? / Shénme kè tèbié nán?
　 专业课 特别 难。　　　　　　　　Zhuānyè kè tèbié nán.

🎤 **③** 🔊 **構造助詞「的 de」**：「の」

032

① 我 的 女 朋友 是 中国 人。　　　Wǒ de nǚ péngyou shì Zhōngguó rén.
② 她 是 经济 系 的 学生。　　　　　Tā shì jīngjì xì de xuésheng.
③ 那（一）本（书）是 我 的（书）。　Nà (yì) běn (shū) shì wǒ de (shū).

☞ 親族・知人・所属関係を表す場合は普通「的」を用いない。
　 我（的）妈妈　　wǒ (de) māma　　　 我（的）朋友　　wǒ (de) péngyou
　 我们（的）大学　wǒmen (de) dàxué　　他们（的）公司　tāmen (de) gōngsī

4 **指示代名詞Ⅰ**

近称 こ	中称 そ・遠称 あ	疑問詞 ど
这 zhè zhèi これ	那 nà nèi それ あれ	哪 nǎ něi どれ
这（一）【个】 zhè （yí） 【ge】 これ この	那（一）【个】 nà （yí） 【ge】 それ その あれ あの	哪（一）【个】 nǎ （yí） 【ge】 どれ どの
这些【（个）】 zhèxiē 【(ge)】 このいくつかの	那些【（个）】 nàxiē 【(ge)】 そのいくつかの あのいくつかの	哪些【（个）】 nǎxiē 【(ge)】 どのいくつかの

※【　】には量詞（助数詞）が入る。

5 **量詞（助数詞）**：ものを数える時、日本語でも「一冊の本」「二枚の紙」「三本の鉛筆」のようにいう。この「冊」「枚」「本」にあたるものを「量词」（助数詞）という。助数詞の前の数字は「一」である場合、通常省略する。複数の「些」の後の助数詞は省略できる。
※指示代名詞＋数詞＋量詞＋名詞の語順で使う。

这（一）个 系　　zhèi (yí) ge xì　　　这些（个）系　　zhèixiē (ge) xì
那两所 大学　　nèiliǎngsuǒ dàxué　　那些（所）大学　nèixiē (suǒ) dàxué
哪三本 书　　　něisānběn shū　　　　哪些（本）书　　něixiē (běn) shū
※モノを数えるときは「二」を使わず、必ず「两」を使う。

ミニ辞書　小辞庫

日本人 Rìběnrén 日本人 ∥ 中国人 Zhōngguórén 中国人 ∥ 千叶 Qiānyè 千葉 ∥ 工业 gōngyè 工業 ∥ 大学 dàxué 大学 ∥ 老师 lǎoshī 先生 ∥ 学生 xuésheng 学生 ∥ 大学生 dàxuéshēng 大学生 ∥ 同班 tóngbān 同じクラス ∥ 同学 tóngxué クラスメート ∥ 小学 xiǎoxué 小学校 ∥ 中学 zhōngxué 中学校と高校 ∥ 初中 chūzhōng 中学校 ∥ 高中 gāozhōng 高校 ∥ 研究生 yánjiūshēng 大学院生 ∥ 硕士 shuòshì マスター ∥ 博士 bóshì ドクター ∥ 男 nán 男 ∥ 女 nǚ 女 ∥ 朋友 péngyou 友達、友人 ∥ 课 kè 授業 ∥ 经济 jīngjì 経済 ∥ 经营 jīngyíng 経営 ∥ 情报 qíngbào 情報 ∥ 文学 wénxué 文学 ∥ 工学 gōngxué 工学 ∥ 法律 fǎlù 法律 ∥ 法学 fǎxué ∥ 物理 wùlǐ 物理 ∥ 公司 gōngsī 会社 ∥ 什么 shénme なに、どんな ∥ 怎么样 zěnmeyàng どう、どのように ∥ 本 běn （助数詞）冊 ∥ 书 shū 本 ∥ 不太～ bútài あまり～ない ∥ 所 suǒ （助数詞）校、軒 ∥ 部 bù （助数詞）部、個 ∥ 手机 shǒujī 携帯電話

1 次のピンインを漢字に書き直しなさい。

zhè	něixiē	hěnnán ....
Zhōngguórén	nàge	shénme ....
róngyi	zěnmeyàng	zhēnde ....

2 次の漢字にピンインをつけなさい。

大学	专业课	老师 ....
留学生	朋友	情报 ....
公司	日本人	特别 ....

3 下記の空欄を埋め、文を完成しなさい。

1. 你是大学生 _____ ?
2. 我是工学部的学生，你 _____ ?
3. _____ 部手机是你的?
4. 你是 _____ 所大学的学生?
5. 我是千叶工业大学 _____ 。

4 下記の文を中国語に訳しなさい。

1. 私は法学部の学生です。あなたは？

   _____

2. 彼はどの学部の学生ですか。

   _____

3. 私は経営学部の学生ではない。

   _____

4. 彼女はあなたのガールフレンドですか。

   _____

5. あなたのボーイフレンドはどの大学の学生ですか。

   _____

今天 是 什么 日子？
Jīntiān shì shénme rìzi?

035

A 今天 几 月 几 号？
Jīntiān jǐ yuè jǐ hào?

B 今天 五 月 十五 号。
Jīntiān wǔ yuè shíwǔ hào.

A 今天 是 什么 日子？
Jīntiān shì shénme rìzi?

B 今天 是 建校 一百 周年 纪念日。
Jīntiān shì jiànxiào yìbǎi zhōunián jìniànrì.

A 怪不得，外面 那么 热闹。
Guàibude, wàimiàn nàme rènao.

B 下午 三 点 开 庆祝会，你 去 不 去？
Xiàwǔ sān diǎn kāi qìngzhùhuì, nǐ qù bú qù?

A 当然 去，咱们 一起 去 吧。
Dāngrán qù, zánmen yìqǐ qù ba.

B 好 啊，那，咱们 两 点 半 走 吧。
Hǎo a, nà, zánmen liǎng diǎn bàn zǒu ba.

早春
zǎo chūn

儿童散学归来早，忙趁东风放纸鸢。
értóng sànxué guīláizǎo máng chèn dōng fēng fàng zhǐyuān

《村居》清·高鼎
cūnjū　Qīng　Gāo Dǐng

☐ 今天 jīntiān	今日		☐ 三 点 sān diǎn	三時
☐ 日子 rìzi	日、日にち、期日		☐ 开 kāi	開催する、開く
☐ 几 月 jǐ yuè	何月		☐ 庆祝会 qìngzhùhuì	祝賀会
☐ 几 号 jǐ hào	何日		☐ 去 qù	行く
☐ 建校 jiànxiào	建学、学校を創立する		☐ 当然 dāngrán	もちろん
☐ 周年 zhōunián	周年		☐ 一起 yìqǐ	いっしょに
☐ 纪念日 jìniànrì	記念日		☐ 吧 ba	～ましょう、～でしょう
☐ 怪不得 guàibude	どうりで		☐ 好啊 hǎo'a	いいよ
☐ 外面 wàimiàn	外		☐ 那 nà	それなら
☐ 那么 nàme	あんなに そんなに		☐ 两 点 半 liǎng diǎn bàn	二時半
☐ 热闹 rènao	にぎやか		☐ 走 zǒu	行く、出発する
☐ 下午 xiàwǔ	午後			

解 説

1 **名詞述語文**：時間、年齢、国籍、本籍等の名詞が直接述語となる。

☞ 否定の場合は「不是 bú shì」を使う。

1 今天 几 月 几 号 星期几?　　Jīntiān jǐ yuè jǐ hào xīngqījǐ?

今天 五 月 五 号 星期天。　　Jīntiān wǔ yuè wǔ hào xīngqītiān.

2 现在（上午）几 点 几 分?　　Xiànzài (shàngwǔ) jǐ diǎn jǐ fēn?

现在 上午 9 点 25 分。　　Xiànzài shàngwǔ jiǔ diǎn èrshíwǔ fēn.

3 你 哪国 人?　　Nǐ nǎguó rén?

我 奥地利 人。　　Wǒ Àodìlì rén.

我 不是 澳大利亚 人。　　Wǒ bú shì Àodàlìyà rén.

4 你 哪里 人?　　Nǐ nǎlǐ rén?

我 北京 人。　　Wǒ Běijīng rén.

我 不是 上海 人。　　Wǒ bú shì Shànghǎi rén.

② 指示代名詞Ⅱ

近称 こ	中称 そ・遠称 あ	疑問詞 ど
这么　这样　这么样 zhème　zhèyàng　zhèmeyàng このように	那么　那样　那么样 nàme　nàyàng　nàmeyàng そのように　あのように	怎么　怎样　怎么样 zěnme　zěnyàng　zěnmeyàng どのように
这里　这儿 zhèli　zhèr ここ	那里　那儿 nàli　nàr そこ　あそこ	哪里　哪儿 nǎlǐ　nǎli　nǎr どこ

3

③ 時間の表現 :「什么　时候　shénme shíhou」=「いつ」

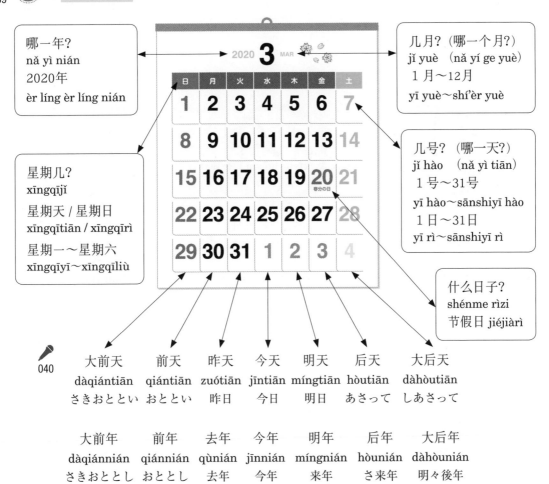

哪一年?
nǎ yì nián
2020年
èr líng èr líng nián

几月? (哪一个月?)
jǐ yuè　(nǎ yí ge yuè)
1月～12月
yī yuè～shí'èr yuè

星期几?
xīngqījǐ
星期天 / 星期日
xīngqītiān / xīngqīrì
星期一～星期六
xīngqīyī～xīngqīliù

几号? (哪一天?)
jǐ hào　(nǎ yì tiān)
1号～31号
yī hào～sānshiyī hào
1日～31日
yī rì～sānshiyī rì

什么日子?
shénme rìzi
节假日 jiéjiàrì

2020 **3** MAR

日	月	火	水	木	金	土
1	2	3	4	5	6	7
8	9	10	11	12	13	14
15	16	17	18	19	20 春分の日	21
22	23	24	25	26	27	28
29	30	31	1	2	3	4

040

大前天	前天	昨天	今天	明天	后天	大后天
dàqiántiān	qiántiān	zuótiān	jīntiān	míngtiān	hòutiān	dàhòutiān
さきおととい	おととい	昨日	今日	明日	あさって	しあさって

大前年	前年	去年	今年	明年	后年	大后年
dàqiánnián	qiánnián	qùnián	jīnnián	míngnián	hòunián	dàhòunián
さきおととし	おととし	去年	今年	来年	さ来年	明々後年

上(个)月	这(个)月	下(个)月	上(个)星期	这(个)星期	下(个)星期
shàng(ge)yuè	zhèi(ge)yuè	xià(ge)yuè	shàng(ge)xīngqī	zhèi(ge)xīngqī	xià(ge)xīngqī
先月	今月	来月	先週	今週	来週

041 **节假日** jiéjiàrì 祝祭日

阴历 Yīnlì 太陰暦				阳历 Yánglì 太陽暦		
元旦	Yuándàn	元日		三八妇女节	SānBā Fùnǚjié	3/8婦人デー
春节	Chūnjié	旧正月		五一劳动节	WǔYī Láodòngjié	5/1メーデー
元宵节	Yuánxiāojié	元宵節		六一儿童节	LiùYī Értóngjié	6/1子供の日
清明节	Qīngmíngjié	清明節		七一建党	QīYī Jiàndǎng	7/1建党記念日
端午节	Duānwǔjié	端午の節句		纪念日	jìniànrì	
七巧节	Qīqiǎojié	七夕		八一建军节	BāYī Jiànjūnjié	8/1建軍記念日
（七夕Qīxī）				教师节	Jiàoshījié	教師節
中秋节	Zhōngqiūjié	中秋節				（9月10日）
重阳节	Chóngyángjié	重陽節		十一国庆节	ShíYī Guóqìngjié	10/1建国記念日

042 **4** **時刻の言い方**

现在几点几分？ Xiànzài jǐdiǎn jǐfēn?

2：00　两点
liǎngdiǎn
两点整
liǎngdiǎnzhěng

2：05　两点五分
liǎngdiǎn wǔfēn
两点 过 五分
liǎngdiǎn guò wǔfēn

2：15　两点十五分
liǎngdiǎn shíwǔfēn
两点一刻
liǎngdiǎn yíkè

2：30　两点三十分
liǎngdiǎn sānshifēn
两点半
liǎngdiǎn bàn

2：45　两点四十五分
liǎngdiǎn sìshiwǔfēn
两点三刻
liǎngdiǎn sānkè

2：58　两点五十八分
liǎngdiǎn wǔshibāfēn
差 两分 三点
chà liǎngfēn sāndiǎn

043

凌晨	早上	上午	中午	下午	傍晚	晚上	夜里	深夜
língchén	zǎoshang	shàngwǔ	zhōngwǔ	xiàwǔ	bàngwǎn	wǎnshang	yèli	shēnyè
早朝	朝	午前	昼	午後	夕方	夜	夜中	深夜

日出 / 日落
rìchū / rìluò
日が昇る／日が沈む

天亮 / 天黑
tiānliàng / tiānhēi
夜が明ける／日が暮れる

白天 / 夜晚
báitiān / yèwǎn
昼間／夜中

3

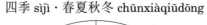

四季 sìjì・春夏秋冬 chūnxiàqiūdōng

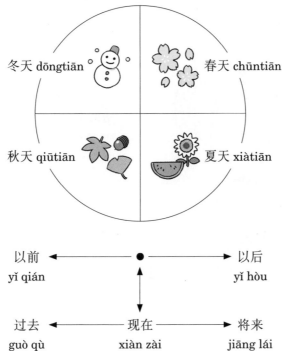

以前 ← ● → 以后
yǐ qián　　　　　　yǐ hòu

过去 ← 现在 → 将来
guò qù　xiàn zài　jiāng lái

044

5 **時間詞の位置**：時間詞は通常、述語あるいは主語の前に置かれる。

① 每天　早上　七点　起床。　　Měitiān zǎoshang qīdiǎn qǐchuáng.

② 九点　我　去　学校。　　Jiǔdiǎn wǒ qù xuéxiào.

③ 他们　暑假　去　国外　旅行。　　Tāmen shǔjià qù guówài lǚxíng.

6 **疑問文Ⅱ**：反復疑問文：述語の肯定形と否定形を並べて作る疑問文。答え方は一般疑問文と同じ。

☞「吗」と一緒には使えない。

1 你 是 不是 日本 人?　　Nǐ shì bú shì Rìběn rén?

你 是 日本 人 不 (是)?　Nǐ shì Rìběn rén bù (shì)?

是。／不 是。　　　　　Shì. /Bú shì.

2 你 喝 不喝 茶?　　　　Nǐ hē bù hē chá?

你 喝 茶 不 (喝)?　　　Nǐ hē chá bù (hē)?

喝。／不喝。　　　　　Hē. /Bù hē.

3 茶 好 (喝) 不 好喝?　　Chá hǎo (hē) bù hǎohē?

好喝。／不 好喝。　　　Hǎohē. /Bù hǎohē.

清明节
qīng míng jié

清明时节雨纷纷，　路上行人欲断魂。
qīng míng shí jié yǔ fēnfēn　lùshàng xíngrén yù duànhún

《清明》唐・杜牧
qīngmíng　Táng　Dù Mù

ミ二辞書　小辞庫

哪国 nǎguó どの国 // 美国 Měiguó アメリカ // 英国 Yīngguó イギリス // 法国 Fǎguó フランス // 德国 Déguó ドイツ // 奥地利 Àodìlì オーストリア // 澳大利亚 Àodàlìyà オーストラリア // 北京 Běijīng 北京 // 上海 Shànghǎi 上海 // 东京 Dōngjīng 東京 // 横浜 Héngbīn 横浜 // 每天 měitiān 毎日 // 起床 qǐchuáng 起きる、起床する // 睡觉 shuìjiào 寝る // 学校 xuéxiào 学校 // 节假日 jiéjiàrì 祝祭日 // 暑假 shǔjià 夏休み // 寒假 hánjià 冬休み // 春假 chūnjià 春休み // 国外 guówài 国外、海外 // 旅行 lǚxíng 旅行 // 修学 xiūxué 修学 // 放学 fàngxué 学校が引ける // 回家 huíjiā 帰宅する // 回国 huíguó 帰国する // 电影 diànyǐng 映画 // 音乐会 yīnyuèhuì コンサート // 迪斯尼乐园 Dísīnílèyuán ディズニーランド // 迪斯尼海 Dísīníhǎi ディズニーシー // 对了 duìle そうだ

Task ●タスク

1 次のピンインを漢字に書き直しなさい。

jīntiān .... zǎoshang .... bàngwǎn ....

xiànzài .... xiàwǔ .... yèli ....

liǎng diǎn bàn .... měitiān .... èr líng yī jiǔ nián ....

2 次の漢字にピンインをつけなさい。

怪不得 .... 外面 .... 热闹 ....

当然 .... 回国 .... 星期天 ....

一起 .... 电影 .... 暑假 ....

3 下記の空欄を埋め、文を完成しなさい。

❶ 明天 几月 几号，星期几？　明天 _____ 月 _____ 号，星期 _____。

❷ 今天 星期五 吧。　　　　　不，今天不 _____ 星期五。今天是 _____。

❸ 今天 星期六，对了，今天 咱们 一起 去 _____，好 _____ 好？

❹ 好，_____ 点走?

❺ 下午 _____ 点走，_____ ?

4 下記の日本語を中国語に訳しなさい。

❶ 彼女はどこの人ですか、北京出身ですか。

....

❷ 彼女は北京出身ではありません。彼女は上海出身です。

....

❸ 彼は何時に帰宅しますか。彼は夜8時に帰宅します。

....

❹ 私は毎日朝7時に学校に行きます。

....

❺ 私たち一緒にディズニーランドに行きましょう。どうですか。

....

学而时习之 1

1 　下記の句の意味を理解した上暗記しなさい。

子曰、学而时习之、不亦说乎。（出典：『論語』学而第一 1）

Zǐyuē、xué ér shí xí zhī、bú yì yuè hū.

子曰く、学びて時に之（これ）を習ふ。亦（また）説（よろこ）ばしからずや。

2 　次の疑問文の種類を（　　　）に書き入れ、作り方を確認した上中国語で回答しなさい。

① 今天几月几号? 星期几? （　　　　　　　）

_____

② 现在几点（几分）? （　　　　　　　）

_____

③ 你姓什么? 叫什么名字? （　　　　　　　）

_____

④ 你哪国人? （　　　　　　　）

_____

⑤ 你（是）东京人 吗? （　　　　　　　）

_____

你是不是东京人? （　　　　　　　）

_____

你是东京人不是? （　　　　　　　）

_____

⑥ 你学中文吗？（　　　　　）

你学不学中文？（　　　　　）

你学中文不学？（　　　　　）

⑦ 你学什么？（　　　　　）

⑧ 专业课有意思吗？（　　　　　）

专业课有意思没意思？（　　　　　）

专业课有没有意思？（　　　　　）

专业课有意思没有？（　　　　　）

⑨ 饺子好吃吗？（　　　　　）

饺子好（吃）不好吃？（　　　　　）

饺子怎么样？（　　　　　）

⑩ 饺子好吃，包子呢？（　　　　　）

第**4**课　你 现在 在 哪儿 呢？
Dì sì kè　Nǐ xiànzài zài nǎr ne?

会話文

A 喂， 你 现在 在 哪儿 呢？
Wéi, nǐ xiànzài zài nǎr ne?

B 我 正 在 宿舍 做 作业 呢。
Wǒ zhèng zài sùshè zuò zuòyè ne.

A 我 有 两张 晚上 的 电影 票， 你 想 去 看
Wǒ yǒu liǎng zhāng wǎnshang de diànyǐng piào, nǐ xiǎng qù kàn

吗？
ma?

B 哎？ 学校 附近 有 电影 院 吗？
Ái? Xuéxiào fùjìn yǒu diànyǐng yuàn ma?

A 你 忘啦？ 电影 院 就 在 马路 对面 的
Nǐ wàng la? Diànyǐng yuàn jiù zài mǎlù duìmiàn de

商城 里边。
shāngchéng lǐbiān.

B 哦， 想 起来 了。 看 什么 片子？
Ò, xiǎng qǐlai le. Kàn shénme piānzi?

A 日本 动漫 《你的 名字...》， 现在 正在 上映 呢。
Rìběn dòngmàn 《nǐde míngzi》, xiànzài zhèngzài shàngyìng ne.

B 太 好 了， 我 早就 想 看 了， 谢谢 你。
Tài hǎo le, wǒ zǎo jiù xiǎng kàn le, xièxie nǐ.

□ 喂 wéi, wèi　　　　　　　もしもし
□ 现在 xiànzài　　　　　　いま
□ 在 zài　　　　　　　　　いる、ある
□ 正在〜呢 zhèngzài 〜ne　〜ている
□ 宿舍 sùshè　　　　　　　寮
□ 做 zuò　　　　　　　　　やる、する
□ 作业 zuòyè　　　　　　　宿題
□ 有 yǒu　　　　　　　　　ある、いる
□ 两张 liǎng zhāng　　　　二枚
□ 票 piào　　　　　　　　　入場券、チケット
□ 想〜 xiǎng　　　　　　　〜たい
□ 哎 āi, ái, ai　　　　　　　ねえ、あれ
□ 附近 fùjìn　　　　　　　　付近、近所
□ 电影院 diànyǐngyuàn　　　映画館
□ 忘啦 wàng la　　　　　　わすれたか

□ 就 jiù　　　　　　　　　ほかではなく、それ
　　　　　　　　　　　　　こそ
□ 马路 mǎlù　　　　　　　道路
□ 对面 duìmiàn　　　　　　向かい側
□ 商城 shāngchéng　　　　商業モール
□ 里边 lǐbiān　　　　　　　なか
□ 哦 ò　　　　　　　　　　そうだ
□ 想起来了 xiǎng qǐlai le　思い出した
□ 片子 piānzi　　　　　　　映画、フイルム
□ 动漫 dòngmàn　　　　　　アニメ
□ 上映 shàngyìng　　　　　上映する
□ 太〜了 tài 〜le　　　　　あまりにも〜、非常
　　　　　　　　　　　　　に〜
□ 早就〜了 zǎojiù 〜le　　ずっと前から〜だ
□ 谢谢 xièxie　　　　　　　ありがとう

解　説

048

① 存在の表現「在 zài」「有 yǒu」

1.「在 zài」=「〜にある」「〜にいる」
　語順：人・物＋在＋場所（＋方位詞）。

1　他 家 在 横滨。　　　　　　　Tā jiā zài Héngbīn.
2　图书馆 在 教学楼 东边。　　　Túshūguǎn zài jiàoxuélóu dōngbiān.
3　辞典 不 在 桌子 上。　　　　Cídiǎn búzài zhuōzi shang.
4　家长 没（有）在 家。　　　　Jiāzhǎng méi (yǒu) zài jiā.

2.「有 yǒu」=「〜にある」「〜にいる」　※否定形は「没有 méiyǒu」。
　語順：場所（＋方位詞）＋有＋（数量詞）人・物。

1　书架 上 有 很多 时装 杂志。　Shūjià shang yǒu hěn duō shízhuāng zázhì.
2　书店 对面 有 一家 咖啡 厅。　Shūdiàn duìmiàn yǒu yìjiā kāfēi tīng.
3　体育馆 里 没有 空调。　　　　Tǐyùguǎn lǐ méiyǒu kōngtiáo.

2 **所有の表現「有 yǒu」**：「〜を持つ」 ※否定形は「没有 méiyǒu」。

語順：所有者（＝主語）＋有＋（修飾語）所有物（＝目的語）。

1 我 有 一部 智能 手机。 　　Wǒ yǒu yíbù zhìnéng shǒujī.

2 我 有 一个 心愿。 　　Wǒ yǒu yí ge xīnyuàn.

3 学生 每人 都 有 一台 平板 电脑。

　　Xuésheng měirén dōu yǒu yìtái píngbǎn diànnǎo.

4 今天 下午 学校 没有 那位 老师 的 课。

　　Jīntiān xiàwǔ xuéxiào méiyǒu nàwèi lǎoshī de kè.

3 **連動文**：一つの主語に対して二つ以上の動詞、動詞句を持つ文。

動詞相互の関係は、前後して起こる動作、或いは一方が他方の目的、方式、原因などである。

1 我 回 家 吃饭。 　　Wǒ huí jiā chī fàn.

2 他 去 美国 留学。 　　Tā qù Měiguó liúxué.

3 老师 用 中文 讲 课。 　　Lǎoshī yòng Zhōngwén jiǎng kè.

4 弟弟 踢 足球 扭 了 脚。 　　Dìdi tī zúqiú niǔ le jiǎo.

4 **前置詞「在 zài」**：「〜で」「〜において」、行為、動作の場所・時間を示す。

語順：主語＋在＋場所・時間＋動詞（＋目的語）。

1 学生们 在 食堂 吃 午饭。 　　Xuésheng men zài shítáng chī wǔfàn.

2 我 在 7号楼 206 教室 上 历史课。

　　Wǒ zài qīhàolóu èrlíngliù jiàoshì shàng lìshǐ kè.

3 运动会 在 下星期天 举行。 　　Yùndònghuì zài xiàxīngqītiān jǔxíng.

春晓
chūn xiǎo

春眠不觉晓，　处处闻啼鸟。
chūn mián bù jué xiǎo　chù chù wén tí niǎo

《春晓》唐·孟浩然
chūnxiǎo　Táng　Mèng Hàorán

052

⑤ ● **副詞「在 zài」**：「〜ている」

動詞の直前に置いて、動作が進行中であることを表す。

※「正 zhèng」「在 zài」「呢 ne」のいずれかが文にあれば、進行中である意味になる。否定の場合、「没有在 + 動詞」を使うが、「在」は省略されることが多い。

1	妈妈 正 在 看 电视剧（呢）。	Māma zhèng zài kàn diànshìjù (ne).
2	老师（正）在 上 课 呢。	Lǎoshī (zhèng) zài shàngkè ne.
3	外边（正在）下 雨 呢。	Wàibian (zhèng zài) xià yǔ ne.
4	弟弟 没（有）（在）做 作业。	Dìdi méi (you) (zài) zuò zuòyè.

4

053

⑥ ● **方位詞**：A組（単純方位詞）は、単独で使わず、名詞の後につき場所を示す。
　　　　　　　B組（合成方位詞）は、単独でも使える。

A組 B組	上 shàng うえ	下 xià した	左 zuǒ ひだり	右 yòu みぎ	前 qián まえ	后 hòu うしろ	里 lǐ なか	外 wài そと	东 dōng ひがし	南 nán みなみ	西 xī にし	北 běi きた
〜边 biān	上边	下边	左边	右边	前边	后边	里边	外边	东边	南边	西边	北边
〜面 miàn	上面	下面	左面	右面	前面	后面	里面	外面	东面	南面	西面	北面

※他に、よく使われるものとして、「中 zhōng なか」「中间 zhōngjiān 真ん中」「旁边 pángbiān となり」「对面 duìmiàn 向かい側」「斜对面 xiéduìmiàn 斜め向かい側」「前方 qiánfāng 前方」「后方 hòufāng 後方」などがある。

39

【7】 願望・意志の表現「想 xiǎng」:「～したい　～するつもり　～しようとする」

054

1　暑假 我 想 去 留学。　　　　　　　Shǔjià wǒ xiǎng qù liúxué.
2　弟弟 将来 想 当 飞行员。　　　　　Dìdi jiānglái xiǎng dāng fēixíngyuán.
3　毕业 以后 想 进 研究所 搞 科研。　Bìyè yǐhòu xiǎng jìn yánjiūsuǒ gǎo kēyán.

春夜
chūn yè

春宵一刻值千金，花有清香月有阴。
chūnxiāo yí kè zhí qiānjīn　huā yǒu qīng xiāng yuè yǒu yīn

《春夜》北宋・苏轼
chūnyè　Běisòng　Sū Shì

ミニ辞書　小辞庫

家 jiā 家 // 一家 yìjiā 一軒 // 家长 jiāzhǎng 保護者、世帯主 // 图书馆 túshūguǎn 図書館 // 教学楼 jiàoxuélóu 教学棟 // 7 号楼 qīhàolóu 7 号館 // 教室 jiàoshì 教室 // 办公室 bàngōngshì 事務室、執務室 // 体育馆 tǐyùguǎn 体育館 // 礼堂 lǐtáng 講堂 // 食堂 shítáng 食堂 // 超市 chāoshì スーパーマーケット // 小卖部 xiǎomàibù 売店、購買 // 咖啡厅 kāfēitīng コーヒーショップ // 书店 shūdiàn 書店 // 书架 shūjià 本棚 // 桌子 zhuōzi 机、テーブル // 茶杯 chábēi 湯のみ、茶碗、カップ // 辞典 cídiǎn 辞書 // 时装 shízhuāng ファッション // 杂志 zázhì 雑誌 // 空调 kōngtiáo エアコン // 智能手机 zhìnéngshǒujī スマートフォン // 心愿 xīnyuàn 願い、望み // 平板电脑 píngbǎndiànnǎo タブレット PC // 人 rén 人、人間 // 每人 měirén 個々人、みんな // 早饭 zǎofàn 朝食 // 午饭 wǔfàn 昼食 // 晚饭 wǎnfàn 夕食 // 历史课 lìshǐkè 歴史の授業 // 运动会 yùndònghuì 運動会 // 电视剧 diànshìjù テレビドラマ // 举行 jǔxíng 行う、挙行する // 留学 liúxué 留学する // 做 zuò やる、する // 作业 zuòyè 宿題 // 当 dāng ～になる // 飞行员 fēixíngyuán パイロット // 进 jìn 入る // 研究所 yánjiūsuǒ 研究所 // 搞 gǎo やる、行う // 科研 kēyán 科学研究 // 下雨 xiàyǔ 雨が降る // 下雪 xiàxuě 雪が降る // 刮风 guāfēng 風が吹く // 将来 jiānglái 将来 // 毕业 bìyè 卒業する // 以后 yǐhòu 以降 // 很多 hěnduō とてもたくさん // 那位 nèiwèi あの方、あのひと // 用 yòng 使う、使用する // 讲课 jiǎngkè 授業をする // 踢 tī 蹴る // 足球 zúqiú サッカー // 扭 niǔ 挫く // 了 le ～た // 脚 jiǎo 足（くるぶしより下） // 腿 tuǐ 足（くるぶしから足のつけ根まで） // 忘了 wàngle 忘れた

40

1 次のピンインを漢字に書き直しなさい。

cídiǎn _____	lìshǐkè _____	zuòyè _____
jiàoshì _____	xiàyǔ _____	lǚxíng _____
xué xiào _____	píngbǎndiànnǎo _____	zhìnéngshǒujī _____

2 次の漢字にピンインをつけなさい。

图书馆 _____	马路 _____	对面 _____
旁边 _____	食堂 _____	桌子 _____
小卖部 _____	车站 _____	动漫 _____

3 下記の空欄を埋め、文を完成しなさい。

❶ 老师现在 _____ 教室里上课。

❷ 图书馆里 _____ 很多书。

❸ 超市附近 _____ 一家电影院。

❹ 茶杯 _____ 桌子上。

❺ 食堂 _____ 办公室对面。

4 下記の日本語を中国語に訳しなさい。

❶ 講堂の中にも売店があります。

_____

❷ 教室に誰かいますか。

_____

❸ 食堂はどこにありますか。

_____

❹ 体育館は講義棟の裏にあります。

_____

❺ 私は図書館に行って宿題をします。

_____

第 5 课 你 喜欢 文艺 还是 喜欢 体育?

Dì wǔ kè　　Nǐ　xǐhuan　wényì　háishì　xǐhuan　tǐyù?

会話文

A 你 喜欢 文艺，还是 喜欢 体育?
Nǐ　xǐhuan　wényì,　háishì　xǐhuan　tǐyù?

B 我 喜欢 体育。
Wǒ　xǐhuan　tǐyù.

A 你 喜欢 哪项 运动?
Nǐ　xǐhuan　nǎ xiàng　yùndòng?

B 我 喜欢 游泳。
Wǒ　xǐhuan　yóu yǒng.

A 你 游泳 游 得 怎么样?
Nǐ　yóu yǒng　yóu　de　zěnmeyàng?

B 我 游泳 游 得 还不错。
Wǒ　yóu yǒng　yóu　de　háibúcuò.

A 你 会 打 乒乓球 吗?
Nǐ　huì　dǎ　pīngpāngqiú　ma?

B 会 是 会，但是 打 得 一般。
Huì　shì　huì,　dànshì　dǎ　de　yìbān.

初夏
chū xià

小荷才露尖尖角，早有蜻蜓立上头。
xiǎohé cái lù　jiān jiān jiǎo　zǎoyǒu qīngtíng lì shàngtóu

《小池》南宋·杨万里
xiǎochí　Nánsòng　Yáng Wànlǐ

□ 喜欢 xǐhuan	〜が好き	□ 还不错 hái bú cuò	まあまあよい
□ 文艺 wényì	文学・芸術	□ 会 huì	できる
□ 还是 háishì	それとも	□ 打 dǎ	打つ、する
□ 体育 tǐyù	スポーツ	□ 乒乓球 pīngpāngqiú	卓球、ピンポン
□ 哪项 nǎ xiàng	どの種目	□ 〜是〜，但是〜 〜shì〜，dànshì〜	
□ 运动 yùndòng	運動項目		〜ですが、しかし〜
□ 游泳 yóu yǒng	泳ぐ、水泳する	□ 一般 yìbān	普通、まあまあ、そこそこ
□ 得 de	(補語を導く助詞)		

解 説

① 好き嫌いの表現「喜欢 xǐhuan〜」：「〜が好きだ」「〜するのが好きだ」

語順：主語＋喜欢＋名詞。
主語＋喜欢＋動詞＋目的語。

1 你 喜欢 什么? Nǐ xǐhuan shénme?
我 喜欢 熊猫。 Wǒ xǐhuan xióngmāo.

2 你 喜欢 做 什么? Nǐ xǐhuan zuò shénme?
我 喜欢 踢 足球。 Wǒ xǐhuan tī zúqiú.

② 疑問文Ⅲ：選択疑問文：「(是) A 还是 B?」＝「Aそれとも B。」

1 你 (是) 去 北京，还是 (你) 去 上海?
Nǐ (shì) qù Běijīng, háishì (nǐ) qù Shànghǎi?

(是) 你 去 北京，还是 她 去 (北京)?
(Shì) Nǐ qù Běijīng, háishì tā qù (Běijīng)?

2 你 (是) 喝 茶，还是 (你) 喝 咖啡? Nǐ (shì) hē chá, háishì (nǐ) hē kāfēi?
(是) 你 喝 茶，还是 她 喝 (茶)? (Shì) Nǐ hē chá, háishì tā hē (chá)?

3 你 是 老师，还是 (你是) 学生? Nǐ shì lǎoshī, háishì (nǐshì) xuésheng?
你 是 老师，还是 她 是 (老师)? Nǐ shì lǎoshī, háishì tā shì (lǎoshī)?

4 饺子 好吃，还是 面条 好吃? Jiǎozi hǎochī, háishì miàntiáo hǎochī?

🎤 059 **③** 🔵 ● 　**離合詞**：「動詞＋目的語」構造を持つ語で、通常日本語においては一つの動詞とし認識されているが、助詞や数量補語を伴う場合、動詞と目的語が分離する。

常用されるのは、「起 // 床 qǐ chuáng 起きる」「睡 // 觉 shuì jiào 寝る」

「毕 // 业 bì yè 卒業する」「留 // 学 liú xué 留学する」

「结 // 婚 jié hūn 結婚する」「游 // 泳 yóu yǒng 泳ぐ」

「打 // 工 dǎ gōng アルバイトをする」など。

① 今天 早上 五 点 起 的 床。　　　Jīntiān zǎoshang wǔ diǎn qǐ de chuáng.

② 昨天 晚上 十一 点 睡 的 觉。　　Zuótiān wǎnshang shíyī diǎn shuì de jiào.

③ 五 年 前 从 大学 毕 的 业。　　　Wǔ nián qián cóng dàxué bì de yè.

④ 每 星期 打 三次 工。　　　　　　Měi xīngqī dǎ sāncì gōng.

※ P53－③「是～的」構文を参照。

🎤 060 **④** 🔵 ● 　**様態・程度補語**：「動詞＋得 de」の後に置いて、その動詞の様態・程度を形容する。

語順：主語＋動詞＋得＋様態・程度補語。

主語（＋動詞）＋目的語＋同じ動詞＋得＋様態・程度補語。

① 雨 下 得 很 大, 风 刮 得 很 猛。　Yǔ xià de hěn dà, fēng guā de hěn měng.

② 他（说）汉语 说 得 怎么样?　　　Tā (shuō) Hànyǔ shuō de zěnmeyàng?

他（说）汉语 说 得 不错。　　　　Tā (shuō) Hànyǔ shuō de búcuò.

③ 姐姐（滑）雪 滑 得 怎么样?　　　Jiějie (huá) xuě huá de zěnmeyàng?

姐姐（滑）雪 滑 得 还可以。　　　Jiějie (huá) xuě huá de hái kěyǐ.

🎤 061 **⑤** 🔵 ● 　**可能や能力の表現**

1）習得した結果 「会 huì」＝「～できる」

① 他 会（做）什么?　　　Tā huì (zuò) shénme?

他 会 打 台球。　　　　Tā huì dǎ táiqiú.

② 你 会（做）什么?　　　Nǐ huì (zuò) shénme?

我 会 拉 小提琴。　　　Wǒ huì lā xiǎotíqín.

2）能力・客観条件・許可 「能 néng」「可以 kěyǐ」＝「〜できる」

1 你 能 游 多 远？　　　　　Nǐ néng yóu duōyuǎn?

　　 我 能 游 五百米。　　　　Wǒ néng yóu wǔbǎi mǐ.

2 明天 的 会议 你 能 参加 吗？　Míngtiān de huìyì nǐ néng cānjiā ma?

　　 明天 我 有事，不能 参加。　Míngtiān wǒ yǒu shì, bù néng cānjiā.

3 这儿 可以 抽烟 吗？　　　　Zhèr kěyǐ chōu yān ma?

　　 不 行，这儿 不 能 抽烟。　Bùxíng, zhèr bù néng chōu yān.

※通常、「可以」の否定は「不能」を用いる。

6 ● 複文Ⅰ（逆接・譲歩）

062

5

「虽然 suīrán 〜但是 dànshì ［可是 kěshì］〜」＝「〜が」「〜けれども」

1 虽然 价格 很 便宜，但是 质量 很 好。
　　　　　　　　Suīrán jiàgé hěn piányi, dànshì zhìliàng hěn hǎo.

　　 便宜 是 便宜，但是 质量 很 好。
　　　　　　　　Piányi shì piányi, dànshì zhìliàng hěn hǎo.

2 她 虽然 年轻，可是 经验 非常 丰富。
　　　　　　　　Tā suīrán niánqīng, kěshì jīngyàn fēicháng fēngfù.

　　 她 年轻 是 年轻，可是 经验 非常 丰富。
　　　　　　　　Tā niánqīng shì niánqīng, kěshì jīngyàn fēicháng fēngfù.

端午节
duān wǔ jié

节分端午自谁言，万古传闻为屈原。
jiéfēn duānwǔ zì shéi yán 　　 wàngǔ chuán wénwèi Qū Yuán

《端午》唐・文秀
duānwǔ 　Táng 　Wénxiù

45

七夕
qī xī

迢迢牵牛星，皎皎河汉女。
tiáo tiáo qiān niú xīng　jiǎo jiǎo hé hàn nǚ

《迢迢牵牛星》汉·无名氏
tiáotiáoqiānniúxīng　Hàn　wú míng shì

ミニ辞書　小辞庫

做 zuò やる、する ∥ 踢 tī 蹴る ∥ 足球 zúqiú サッカー ∥ 橄榄球 gǎnlǎnqiú ラグビー ∥ 台球 táiqiú ビリヤード ∥ 篮球 lánqiú バスケットボール ∥ 保龄球 bǎolíngqiú ボーリング ∥ 网球 wǎngqiú テニス ∥ 滑冰 huábīng スケート ∥ 滑雪 huáxuě スキー ∥ 毕业 bìyè 卒業する ∥ 留学 liúxué 留学する ∥ 结婚 jiéhūn 結婚する ∥ 打工 dǎgōng アルバイトをする ∥ 会 huì できる ∥ 每 měi ～ごと ∥ 从 cóng ～から ∥ 次 cì (助数詞) 回、次 ∥ 雨 yǔ 雨 ∥ 下 xià 降る ∥ 大 dà 強い、大きい ∥ 风 fēng 風 ∥ 刮 guā 吹く ∥ 猛 měng 激しい、勢いがよい ∥ 不错 búcuò まあまあよい、悪くない、かなりよい ∥ 还可以 háikěyǐ まあまあよい、そこそこ良い ∥ 很棒 hěn bàng とてもすばらしい ∥ 拉 lā 弾く、引く、演奏する ∥ 弹 tán 弾く、演奏する ∥ 小提琴 xiǎotíqín バイオリン ∥ 中提琴 zhōngtíqín ビオラ ∥ 大提琴 dàtíqín チェロ ∥ 钢琴 gāngqín ピアノ ∥ 吉他 jítā ギター ∥ 能 néng できる ∥ 多远 duōyuǎn どれぐらい遠い ∥ 会议 huìyì 会議 ∥ 参加 cānjiā 参加する ∥ 有事 yǒushì 用事がある ∥ 可以 kěyǐ できる、～してよい ∥ 抽烟 chōuyān タバコを吸う ∥ 不能 bùnéng できない、～してはいけない ∥ 不许 bùxǔ ～してはいけない ∥ 不行 bùxíng だめだ ∥ 迟到 chídào 遅刻する ∥ 早退 zǎotuì 早退する ∥ 说话 shuōhuà 話しをする ∥ 虽然～但是[可是]～ suīrán～dànshì[kěshì]～ ～しかし～、～けれども～ ∥ 价格 jiàgé 価格、値段 ∥ 便宜 piányi（値段が安い）∥ 贵 guì（値段が）高い ∥ 质量 zhìliàng 品質 ∥ 年轻 niánqīng 若い ∥ 未成年人 wèichéngniánrén 未成年 ∥ 年纪 niánjì 歳、年齢 ∥ 经验 jīngyàn 経験 ∥ 丰富 fēngfù 豊富 ∥ 电脑 diànnǎo パソコン ∥ 游戏 yóuxì ゲーム ∥ 跑 pǎo 走る ∥ 公里 gōnglǐ キロメートル ∥ 唱 chàng 歌う ∥ 卡拉 OK kǎlā ōukèi カラオケ ∥ 吹 chuī 吹く、演奏する ∥ 小号 xiǎohào トランペット ∥ 黑管 hēiguǎn クラリネット ∥ 跳舞 tiàowǔ 踊る ∥ 古典音乐 gǔdiǎnyīnyuè クラシック音楽 ∥ 现代艺术 xiàndàiyìshù 現代芸術 ∥ 摇滚 yáogǔn ロック ∥ 做菜 zuòcài 料理をする ∥ 宠物 chǒngwù ペット ∥ 猫 māo ネコ ∥ 狗 gǒu イヌ ∥ 小动物 xiǎodòngwù 小動物 ∥ 咖啡 kāfēi コーヒー ∥ 喝酒 hējiǔ 酒を飲む、飲酒 ∥ 清酒 qīngjiǔ 清酒 ∥ 白酒 báijiǔ パイチュウ ∥ 绍兴酒 shàoxīngjiǔ 紹興酒 ∥ 白兰地 báilándì ブランデー ∥ 威士忌 wēishìjì ウイスキー

1 次のピンインを漢字に書き直しなさい。

tǐyù _____ yùndòng _____ wǎngqiú _____

zúqiú _____ táiqiú _____ huáxuě _____

diànnǎo yóuxì _____ pīngpāngqiú _____ xǐhuan _____

2 次の漢字にピンインをつけなさい。

价格 _____ 质量 _____ 年纪 _____

经验 _____ 会议 _____ 参加 _____

抽烟 _____ 汉语 _____ 丰富 _____

5

3 下記の空欄を埋め、文を完成しなさい。

① 你去北京，_____ 去上海?

② 她英文说 _____ 不好。

③ 我一个小时 _____ 跑十五公里。

④ 你 _____ 踢足球吗?

⑤ 我很喜欢唱卡拉 OK，_____ 唱得不太好。

4 下記の日本語を中国語に訳しなさい。

① 彼のスキーの腕前はどうですか。

_____

② 彼はスケートができますが、あまり上手ではありません。

_____

③ 私はクラシック音楽がとても好きです。

_____

④ 私は料理をするのが好きですが、下手です。

_____

⑤ 未成年者はお酒を飲んではいけません。

_____

第6课
Dì liù kè

你 妹妹 多 大 了?
Nǐ mèimei duō dà le?

会話文

A 照片 上 你 旁边 的 这个 女孩儿 是 谁?
Zhàopiàn shàng nǐ pángbiān de zhège nǚháir shì shéi?

B 啊, 那 是 我 妹妹。
A, nà shì wǒ mèimei.

A 你 妹妹 多 大 了?
Nǐ mèimei duō dà le?

B 她 比 我 小 三 岁, 今年 刚 上 高中。
Tā bǐ wǒ xiǎo sān suì, jīnnián gāng shàng gāozhōng.

A 她 个子 比 你 还 高 呢。
Tā gèzi bǐ nǐ hái gāo ne.

B 是 啊, 她 身高 1 米 75。
Shì a, tā shēngāo yìmǐ qīwǔ.

A 真 不 矮, 你 应该 让 她 去 打 篮球 呀。
Zhēn bù ǎi, nǐ yīnggāi ràng tā qù dǎ lánqiú ya.

B 不过, 她 更 喜欢 画 画儿, 将来 想 当
Búguò, tā gèng xǐhuan huà huàr, jiānglái xiǎng dāng

设计师 呢。
shèjìshī ne.

中秋节
zhōng qiū jié

三五夜中新月色, 二千里外故人心。
sānwǔyè zhōng xīn yuè sè   èrqiānlǐ wài gùrénxīn

《八月十五日夜 禁中独直, 对月忆元九》唐·白居易
bā yuè shí wǔ rì yè   jìnzhōng dú zhí   duì yuè yì Yuánjiǔ   Táng Bái Jūyì

□ 多大 duōdà	いくつ、何歳		□ 米 mǐ	メートル
□ 了 le	～になる		□ 矮 ǎi	(身長が) 低い
□ 照片 zhàopiàn	写真		□ 应该 yīnggāi	～べきだ
□ 女孩儿 nǚháir	女の子		□ 让～ ràng～	～させる
□ 比 bǐ	～より		□ 篮球 lánqiú	バスケットボール
□ 小 xiǎo	若い、小さい		□ 呀 ya	～よ、～ね、～わ
□ 岁 suì	歳			(肯定・催促・勧誘などの語気 を表す)
□ 刚 gāng	～たばかり			
□ 上 shàng	(学校に)かよう、(授業を)うける		□ 不过 búguò	でも
□ 个子 gèzi	身長		□ 更 gèng	さらに
□ 还 hái	さらに		□ 画 huà	描く
□ 高 gāo	高い		□ 画儿 huàr	絵
□ 呢 ne	～よ、～ね、～わ		□ 将来 jiānglái	将来
□ 是啊 shì'a	そうですね、そうだよ		□ 当 dāng	成る
□ 身高 shēngāo	身長		□ 设计师 shèjìshī	デザイナー

解　説

① **数量・程度を尋ねる疑問詞** :「多 duō ＋（一部の）形容詞」

1 长江 多 长？　　　　　　　Chángjiāng duō cháng?

长江 长 6,300公里。　　　　Chángjiāng cháng liùqiān sānbǎi gōnglǐ.

2 珠峰 多 高？　　　　　　　Zhūfēng duō gāo?

珠峰 高 8,848.86 米。　　　Zhūfēng gāo bāqiān bābǎi sìshíbā diǎn bāliù mǐ.

3 您 多 大 年纪？/ 你 多 大？　　Nín duō dà niánjì? / Nǐ duō dà?

我 八十八 岁 了。/ 我 二十三 岁。

Wǒ bāshibā suì le. / Wǒ èrshisān suì.

4 你 身高 多少？/ 你 多 高？　　Nǐ shēngāo duōshao? / Nǐ duō gāo?

我 一米 七十五 公分。/ 我一米七五。

Wǒ yìmǐ qīshiwǔ gōngfēn. / Wǒ yìmǐqīwǔ.

5 你 体重 多少？/ 你 多 重？　　Nǐ tǐzhòng duōshao? / Nǐ duō zhòng?

我 七十 公斤。　　　　　　　Wǒ qīshí gōngjīn.

② 変化の「了 le」：「〜になった」 ※文末に置かれる。

1. 天 亮 了。/ 天 黑 了。　　　Tiān liàng le. / Tiān hēi le.
2. 中午 十二点 了。　　　Zhōngwǔ shí'èrdiǎn le.
3. 妹妹 是 高中生 了。　　　Mèimei shì gāozhōngshēng le.

③ 比較の表現

1．肯定：A + 比 + B + 形容詞（＋数量）。

1. 姐姐 比 我 大 两 岁。　　　Jiějie bǐ wǒ dà liǎng suì.
   我 比 姐姐 小 两 岁。　　　Wǒ bǐ jiějie xiǎo liǎng suì.
2. 弟弟 比 妹妹 高 七 公分。　　　Dìdi bǐ mèimei gāo qī gōngfēn.
   妹妹 比 弟弟 矮 七 公分。　　　Mèimei bǐ dìdi ǎi qī gōngfēn.

2．否定：A + 没有 + B +(那么)形容詞。

1. 妹妹 没有 弟弟 (那么) 高。　　　Mèimei méiyǒu dìdi (nàme) gāo.
2. 东京 没有 北海道 (那么) 冷。　　　Dōngjīng méiyǒu Běihǎidào (nàme) lěng.

3．類似：A + 和・跟 + B + 一样 (＋形容詞)。

1. 田村 的 成绩 和 中山 的 (成绩) 一样 好。
   　　　Tiáncūn de chéngjì hé Zhōngshān de (chéngjì) yíyàng hǎo.
2. 草莓 的 价格 跟 苹果 的 (价格) 一样 贵。
   　　　Cǎoméi de jiàgé gēn píngguǒ de (jiàgé) yíyàng guì.

④ 当然や必要を表す助動詞：「应该 yīnggāi」＝「〜すべき」「〜のはず」、「要 yào」「得 děi」「必须 bìxū」＝「〜しなければならない」

1. 学生 应该 好好儿 学习。　　　Xuésheng yīnggāi hǎohāor xuéxí.
2. 你们 要 牢牢地 记住。　　　Nǐmen yào láoláode jìzhù.
3. 天黑 以前 必须 下山！　　　Tiānhēi yǐqián bìxū xiàshān!
4. 明天 我 得 去 机场 接 客人。　　　Míngtiān wǒ děi qù jīchǎng jiē kèren.
   明天 你 不用 去 机场 接 客人。　　　Míngtiān nǐ búyòng qù jīchǎng jiē kèren.

※「要」「必须」「得」の否定は「不用 búyòng」を用いる。

⑤ 使役文（兼語文）：兼語文とは、前の「動詞」の「目的語」が後の「動詞」に対して、意味上の「主語」となる文。

語順：主語＋述語（让 ràng・叫 jiào・使 shǐ など）＋目的語（＝主語）＋動詞（＝述語）。

1 老师 让 学生 回答 问题。　　　　　Lǎoshī ràng xuésheng huídá wèntí.

2 早上 的 空气 使人 觉得 很 舒服。
　　　　　　　　　　　　　　　　　　Zǎoshang de kōngqì shǐ rén juéde hěn shūfu.

3 我 明天 请 她 吃 饭。　　　　　　　Wǒ míngtiān qǐng tā chī fàn.

4 大家 选 他 当 班长。　　　　　　　Dàjiā xuǎn tā dāng bānzhǎng.

6

ミニ辞書　小辞庫

长江 Chángjiāng 長江 // 珠峰 Zhūfēng チョモランマ、エベレスト // 多大 duōdà 何歳、どれぐらい大きい // 多长 duōcháng どれぐらい長い // 多高 duōgāo どれぐらい高い // 多重 duōzhòng どれぐらい重い // 多少 duōshao いくつ、どれぐらい // 长 cháng 長い // 高 gāo 高い // 大 dà 大きい // 多 duō 多い // 少 shǎo 少ない // 忙 máng 忙しい // 体重 tǐzhòng 体重 // 公斤 gōngjīn キログラム // 克 kè グラム // 公分 gōngfēn センチ // 北海道 Běihǎidào 北海道 // 冲绳 Chōngshéng 沖縄 // 暖和 nuǎnhuo 暖かい // 热 rè 暑い // 凉快 liángkuai 涼しい // 冷 lěng 寒い // 成绩 chéngjì 成績 // 草莓 cǎoméi イチゴ // 苹果 píngguǒ リンゴ // 西瓜 xīguā スイカ // 柿子 shìzi カキ // 葡萄 pútao ブドウ // 好好儿 hǎohāor よくよく、しっかりと // 学习 xuéxí 学習（する）// 预习 yùxí 予習（をする）// 练习 liànxí 練習（をする）// 工作 gōngzuò 仕事（をする）// 牢牢 láoláo しっかりと、きちんと // ～地（de 他の語句について連用修飾語をつくる助詞）～と、～に // 记住 jìzhù 覚える、記憶する // 以前 yǐqián 以前 // 以后 yǐhòu 以降、今後 // 要 yào ～しなければならない // 得 děi ～しなければならない // 必须 bìxū 必ず～しなければならない // 不用 búyòng ～する必要はない // 使 shǐ ～させる // 请 qǐng ～してもらう // 接 jiē 迎える // 送 sòng 見送る、送る // 选 xuǎn 選ぶ // 班长 bānzhǎng 班長、学級委員 // 客人 kèren 客 // 兄弟 xiōngdì 兄弟 // 姐妹 jiěmèi 姉妹 // 回答 huídá 回答、回答する // 问题 wèntí 質問、問題 // 空气 kōngqì 空気 // 机场 jīchǎng 空港 // 出发 chūfā 出発する // 觉得 juéde ～と思う、～と感じる // 舒服 shūfu 気分がいい、心地がいい // 下山 xiàshān 下山する // 上学 shàngxué 学校に行く // 上班 shàngbān 仕事に行く

1 次のピンインを漢字に書き直しなさい。

nǚháir _____   chéngjì _____   xīguā _____

huàhuàr _____   shèjìshī _____   píngguǒ _____

gāozhōngshēng _____   zhàopiàn _____   yīnggāi _____

2 次の漢字にピンインをつけなさい。

身高 _____   公分 _____   不矮 _____

篮球 _____   将来 _____   出发 _____

机场 _____   客人 _____   舒服 _____

3 下記の空欄を埋め、文を完成しなさい。

❶ 你旁边的这个人是 _____ ？ 他是 _____ 。

❷ 你有兄弟姐妹吗? _____ ，我 _____ 。

❸ 你爸爸 _____ 年纪了? 我爸爸 今年 _____ 岁了。

❹ 你身高 _____ ? 我身高一米 _____ 。

❺ 东京比北京冷吗? 东京 _____ 北京 _____ 冷。

4 下記の日本語を中国語に訳しなさい。

❶ 私の母は父より三才年下です。

_____

❷ 最近は以前より忙しくなくなりました。

_____

❸ 明日私は出勤する必要がなくなりました。

_____

❹ 彼女の成績はあなたと同様に良い。

_____

❺ 私はパソコンを使えるようになりました。

_____

星期天 去 哪儿 玩儿 了？
Xīngqītiān qù nǎr wánr le?

🎤070

会話文

A 星期天 去 哪儿 玩儿 了？
Xīngqītiān qù nǎr wánr le?

B 熟人 给 了 我 两张 戏票，去 新宿 看 了
Shúrén gěi le wǒ liǎngzhāng xìpiào, qù Xīnsù kàn le

一场 京剧 演出。
yìchǎng Jīngjù yǎnchū.

A 你 是 和 谁 一起 去 的？
Nǐ shì hé shéi yìqǐ qù de?

B 我 是 和 学姐 一起 去 的。
Wǒ shì hé xuéjiě yìqǐ qù de.

A 你们 是 怎么 去 的？
Nǐmen shì zěnme qù de?

B 我们 是 坐 地铁 去 的。
Wǒmen shì zuò dìtiě qù de.

A 从 学校 到 新宿 用 了 多长 时间？
Cóng xuéxiào dào Xīnsù yòng le duō cháng shíjiān?

B 大概 用 了 一个多 小时。
Dàgài yòng le yíge duō xiǎoshí.

7

🎤 071

□ 玩儿 wánr	遊ぶ		□ 学姐 xuéjiě	（学校の女の）先輩
□ 了 le	〜た		□ 怎么 zěnme	どのように、どう
□ 熟人 shúrén	知人、知り合い		□ 坐 zuò	乗る、乗車する
□ 给 gěi	与える、くれる		□ 地铁 dìtiě	地下鉄
□ 张 zhāng	（助数詞）枚		□ 从〜 cóng	〜から
□ 戏 xì	劇、芝居		□ 到〜 dào	〜まで
□ 票 piào	チケット、入場券		□ 用 yòng	つかう、かかる
□ 新宿 Xīnsù	新宿		□ 多长时间 duōcháng shíjiān	どれぐらいの時間
□ 场 chǎng	（助数詞）回、ひと区切り		□ 大概 dàgài	だいたい
□ 京剧 Jīngjù	京劇		□ 〜多 duō	〜あまり
□ 演出 yǎnchū	公演、上演（する）		□ 小时 xiǎoshí	時間、60分間
□ 是〜的 shì〜de	〜たのだ			

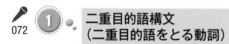

🎤 072 **①** **二重目的語構文（二重目的語をとる動詞）** ：二重目的語をとる動詞は「教える」「与える」など授与関係をしめすものである。

語順：主語＋述語（＝動詞）＋間接目的語（＝人）＋直接目的語（＝物）。

1 张 老师 教 我们 中文。　　　　Zhāng lǎoshī jiāo wǒmen Zhōngwén.

2 朋友 送 了 我 一 件 礼物。　　Péngyou sòng le wǒ yí jiàn lǐwù.

3 （我）告诉 大家 一 个 好 消息。　(Wǒ) gàosu dàjiā yí ge hǎo xiāoxi.

🎤 073 **②** **動作の完了・実現を示す「了 le」**：「〜た」。

※否定は「没（有）méi (you)」で、「了」は取る。

1 上个星期 哥哥 买 了 很 多 英文 书。

　　　　Shàngge xīngqī gēge mǎi le hěn duō Yīngwén shū.

2 她 昨天 背 了 一百 个 单词。　Tā zuótiān bèi le yìbǎi ge dāncí.

3 那 部 电影 我 还 没（有）看。　Nà bù diànyǐng wǒ hái méi (yǒu) kàn.

074 **3** 「是 shì ～的 de」構文：すでに実現した既知の動作・行為について、時間・場所・方式・目的・動作主などを強調して述べる。「是」は省略できる。

① 你（是）什么 时候 来 的? 　　Nǐ (shì) shénme shíhou lái de?
　我（是）昨天 来 的。　　　Wǒ (shì) zuótiān lái de.
② 你（是）从 哪儿 来 的? 　　Nǐ (shì) cóng nǎr lái de?
　我（是）从 大草原 来 的。　Wǒ (shì) cóng dàcǎoyuán lái de.
③ 你（是）怎么 来 的? 　　　Nǐ (shì) zěnme lái de?
　我（是）坐 飞机 来 的。　　Wǒ (shì) zuò fēijī lái de.
④ 那 本 小说（是）谁 写 的? 　Nà běn xiǎoshuō (shì) shéi xiě de?
　那 本 小说（是）诺奖 得主 写 的。 Nà běn xiǎoshuō (shì) Nuòjiǎng dézhǔ xiě de.

075 **4** 前置詞「从 cóng」「到 dào」：一般に名詞を目的語とし、述語を修飾する。

1.「从～ cóng」=「～から」 動作の起点を示す。

① 她 是 从 美国 来 的 留学生。　Tā shì cóng Měiguó lái de liúxuéshēng.
② 我 从 图书馆 借 了 一张 DVD。　Wǒ cóng túshūguǎn jiè le yì zhāng DVD.

2.「到～ dào」=「～まで」 動作の終点を示す。

① 她们 从 早 到 晚 工作。　Tāmen cóng zǎo dào wǎn gōngzuò.
② 从 我 家 到 学校 有(一)点儿 远。 Cóng wǒ jiā dào xuéxiào yǒu (yì) diǎnr yuǎn.

076 **5** 時間量の表現：「多长 时间 duōcháng shíjiān」=「どれぐらいの時間」

～年間	～ケ月間	～週間	～日間	～時間	～分間	～秒間
多少年 几年	多少个月 几个月	多少个星期 几个星期	多少天 几天	多少个小时 几个小时	多少分钟 几分钟	多少秒钟 几秒钟

※多少 duōshao　几 jǐ　个 gè　年 nián　月 yuè　星期 xīngqī　天 tiān　小时 xiǎoshí　分钟 fēnzhōng　秒 miǎo

6 **時量・動量補語**：補語として動詞の後に置かれ、動作・行為の回数や持続時間や経過時間を表す。※時点は述語の前に置かれる。

語順：主語（＋時点）＋動詞＋時間量・動量補語。

1 哥哥（去年）学 了 三 个 月 中文。

Gēge (qùnián) xué le sān ge yuè Zhōngwén.

2 姐姐（下午）打 了 一 个 小时 电话。

Jiějie (xiàwù) dǎ le yí ge xiǎoshí diànhuà.

3 他（上个星期）看 了 三 场 电影。

Tā (shànggexīngqī) kàn le sān chǎng diànyǐng.

4 我（上上个月）去 了 两 次 冲绳。

Wǒ (shàngshànggeyuè) qù le liǎng cì Chōngshéng.

ミニ辞書　小辞庫

教 jiāo 教える // 送 sòng 贈呈する、あげる // 件 jiàn（助数詞）件、個 // 礼物 lǐwù プレゼント // 告诉 gàosu 伝える、知らせる // 消息 xiāoxi ニュース // 买 mǎi 買う // 卖 mài 売る // 书 shū 本、書物 // 背 bèi 暗記する // 单词 dāncí 単語 // 部 bù（助数詞）本、個 // 还 hái まだ、また // 什么时候 shénmeshíshou いつ // 大草原 dàcǎoyuán 大草原 // 坐 zuò 乗る、乗車する // 骑 qí（またがって）乗る // 开 kāi 操縦する、運転する // 飞机 fēijī 飛行機 // 轮船 lúnchuán 汽船 // 电车 diànchē 電車 // 公共汽车 gōnggòngqìchē 路線バス // 出租车 chūzūchē タクシー // 自行车 zìxíngchē 自転車 // 共享单车 gòngxiǎngdānchē シェアサイクル // 步行 bùxíng 歩く // 走着 zǒuzhe 歩いて // 本 běn（助数詞）冊 // 张 zhāng（助数詞）枚 // 写 xiě 書く // 借 jiè 借りる、貸す // 国际 guójì 国際 // 会议 huìyì 会議 // 小说 xiǎoshuō 小説 // 诺奖 Nuòjiǎng ノーベル賞 // 得主 dézhǔ 受賞者 // 远 yuǎn 遠い // 近 jìn 近い // 上个星期 shànggexīngqī 先週 // 上上个月 shàngshànggeyuè 先々月 // 上个月 shànggeyuè 先月 // 下个星期 xiàgexīngqī 来週 // 下个月 xiàgeyuè 来月 // 下下个月 xiàxiàgeyuè 再来月 // 穿 chuān 着る、はく // 衣服 yīfu 服 // 回家 huíjiā 帰宅する // 打电话 dǎdiànhuà 電話をかける

1　次のピンインを漢字に書き直しなさい。

qǐchuáng ＿＿＿＿＿＿　　shuìjiào ＿＿＿＿＿＿　　dìtiě ＿＿＿＿＿＿

dàgài ＿＿＿＿＿＿　　shíjiān ＿＿＿＿＿＿　　xiǎoshí ＿＿＿＿＿＿

diànyǐng ＿＿＿＿＿＿　　Jīngjù ＿＿＿＿＿＿　　yǎnchū ＿＿＿＿＿＿

2　次の漢字にピンインをつけなさい。

英文 ＿＿＿＿＿＿　　中文 ＿＿＿＿＿＿　　毕业 ＿＿＿＿＿＿

学校 ＿＿＿＿＿＿　　玩儿 ＿＿＿＿＿＿　　工作 ＿＿＿＿＿＿

时候 ＿＿＿＿＿＿　　电话 ＿＿＿＿＿＿　　熟人 ＿＿＿＿＿＿

3　下記の空欄を埋め、文を完成しなさい。

❶ 你什么时候回家?　　我 ＿＿＿＿＿＿＿ 回家。

❷ 张老师教你们什么?　　他教我们 ＿＿＿＿＿＿＿。

❸ 你是从哪儿来的?　　我是从 ＿＿＿＿＿＿＿ 来的。

❹ 你怎么去学校?　　我 ＿＿＿＿＿＿＿ 学校。

❺ 你看了那本小说吗?　　我还 ＿＿＿＿＿＿＿ 看。

4　下記の日本語を中国語に訳しなさい。

❶ あなたは誰といっしょに北京に行かれたのですか。私は外国の友人と一緒に行きました。

＿＿＿＿＿＿＿＿＿＿＿＿＿＿＿＿＿＿＿＿＿＿＿＿＿＿＿＿＿＿＿＿＿＿

❷ あなたはどうやって行ったのですか。私は車で行きました。

＿＿＿＿＿＿＿＿＿＿＿＿＿＿＿＿＿＿＿＿＿＿＿＿＿＿＿＿＿＿＿＿＿＿

❸ 私の家から大学まで地下鉄で30分かかります。

＿＿＿＿＿＿＿＿＿＿＿＿＿＿＿＿＿＿＿＿＿＿＿＿＿＿＿＿＿＿＿＿＿＿

❹ 彼女は北京から来た中国語の先生です。

＿＿＿＿＿＿＿＿＿＿＿＿＿＿＿＿＿＿＿＿＿＿＿＿＿＿＿＿＿＿＿＿＿＿

❺ 私は国際会議に二度出席した。

＿＿＿＿＿＿＿＿＿＿＿＿＿＿＿＿＿＿＿＿＿＿＿＿＿＿＿＿＿＿＿＿＿＿

7

1 下記の句の意味を理解した上暗記しなさい。

子曰、有朋自远方来、不亦乐乎、（出典：『論語』学而第一1）

Zǐyuē、yǒu péng zì yuǎnfāng lái、bú yì lè hū.

子曰く、朋（とも）有り、遠方より来たる。亦楽しからずや。

2 次の疑問文の種類を（　　　）に書き入れ、作り方を確認した上中国語で回答しなさい。

⑪ 你多大?　身高多少?　（　　　　　　　）

_____

⑫ 你家在哪儿?　（　　　　　　　）

_____

⑬ 从你家到学校远吗?　（　　　　　　　）

_____

从你家到学校远不远?　（　　　　　　　）

_____

⑭ 你在哪儿上学?　（　　　　　　　）

_____

你在哪所大学上学?　（　　　　　　　）

_____

你（上）几年级?　（　　　　　　　）

_____

⑮ 你 每天早上几点起床?　（　　　　　　　）

_____

你今天早上几点起的床?　（　　　　　　　）

_____

⑯ 你每天怎么来学校? (　　　　　　)

你今天怎么来的学校? (　　　　　　)

⑰ 你喜欢动物吗? (　　　　　　)

你喜（欢）不喜欢动物? (　　　　　　)

你喜欢动物不（喜欢)? (　　　　　　)

⑱ 动物园里有熊猫吗? (　　　　　　)

动物园里有没有熊猫? (　　　　　　)

动物园里有熊猫没有? (　　　　　　)

⑲ 你喜欢做什么? (　　　　　　)

你会做什么? (　　　　　　)

⑳ 你做某事做得怎么样? (　　　　　　)

你 去 过 哪些 国家？
Nǐ qù guo nǎxiē guójiā?

078

会話文

Ⓐ 咱们 看看 封二 的 地图，数一数 中国 有
Zánmen kànkan fēng'èr de dìtú, shǔyìshǔ Zhōngguó yǒu

多少 个 邻国 吧。
duōshao ge línguó ba.

Ⓑ 好呀，俄国、蒙古… 接壤 的 国家 一共 有
Hǎoya, Éguó、 Měnggǔ jiērǎng de guójiā yígòng yǒu

14个。
shísìge.

Ⓐ 隔海 相望 的 近邻 还有 日本、菲律宾 等等。
Géhǎi xiāngwàng de jìnlín háiyǒu Rìběn、 Fēilùbīn děngděng.

Ⓑ 你 都 去 过 哪些 国家？
Nǐ dōu qù guo nǎxiē guójiā?

Ⓐ 我 哪个 国家 都 没 去 过。
Wǒ nǎge guójiā dōu méi qù guo.

Ⓑ 我 也 是。我 连 护照 都 没 申请 过 呢。
Wǒ yě shì. Wǒ lián hùzhào dōu méi shēnqǐng guo ne.

Ⓐ 你 听说 过 这 句 话 吗？"读万卷书，
Nǐ tīngshuō guo zhèi jù huà ma? "dú wàn juàn shū,

行万里路。"
xíng wàn lǐ lù".

Ⓑ 上 高中 时 老师 教 过。如果 有 机会 的
Shàng gāo zhōng shí lǎoshī jiāo guo. Rúguǒ yǒu jīhuì de

话，真 应该 去 周游 世界 增长 见识。
huà, zhēn yīnggāi qù zhōuyóu shìjiè zēngzhǎng jiànshi.

 079

□ ～过 ～guo	～たことがある		□ 等等 děngděng	などなど
□ 国家 guójiā	国		□ 都 dōu	みんな、全部
□ 看看 kànkan	見てみる		□ 连～都～ lián～dōu	～さえも～
□ 封二 fēng'èr	表紙の裏、見返し		□ 护照 hùzhào	パスポート
□ 地图 dìtú	地図		□ 申请 shēnqǐng	申請する
□ 数一数 shǔyìshǔ	数えてみる		□ 听说 tīngshuō	耳にする、聞いた
□ 邻国 línguó	隣国		□ 这句话 zhèi jù huà	この言葉、この言い方
□ 好呀 hǎoya	いいよ、いいね		□ 读万卷书 dúwànjuànshū	万巻の書を読む
□ 俄国 Éguó	ロシア		□ 行万里路 xíngwànlǐlù	万里の道を行く
□ 蒙古 Měnggǔ	モンゴル		□ 教 jiāo	教える
□ 接壤 jiērǎng	境界・国境を接する		□ 如果～的话 rúguǒ～dehuà	もし～ならば
□ 一共 yígòng	あわせて、全部で		□ 机会 jīhuì	機会、チャンス
□ 隔海相望 géhǎi xiāngwàng	海を隔てて相望む		□ 周游 zhōuyóu	周遊する
□ 近邻 jìnlín	近隣		□ 世界 shìjiè	世界
□ 还 hái	また		□ 增长 zēngzhǎng	増加する
□ 菲律宾 Fēilǜbīn	フィリピン		□ 见识 jiànshi	見識、見聞

8

解　説

 080 **①** **経験を表す「動詞＋过 guo」**：「～したことがある」。
※否定は「没（有）méi（you）」を用いる。

1. 社长 去 过 两 次 上海。　　　Shèzhǎng qù guo liǎng cì Shànghǎi.
2. 爷爷 练 过 十年 太极拳。　　　Yéye liàn guo shínián tàijíquán.
3. 他 没 看 过 京剧。　　　Tā méi kàn guo Jīngjù.
4. 你 吃（过）没 吃 过 烤鸭?　　　Nǐ chī (guo) méi chī guo kǎoyā?
　你 吃 过 烤鸭 没有（吃过)?　　　Nǐ chī guo kǎo yā méi you (chī guo)?

 081 **②** **動詞の重ね型**：「ちょっと～してみる」

cháng	尝尝	尝一下	尝一尝	尝尝看
xiě	写写	写一下	写一写	写写看
liànxí	练习练习	练习一下	×	练习练习看
shāngliang	商量商量	商量一下	×	商量商量看

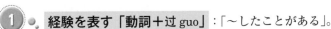

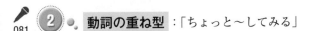

082 **③** **強調の表現**：「疑問詞＋都・也〜」「连〜都・也〜」＝「〜でも〜」「〜さえも〜」

1 他 哪儿 都 去过，什么 都 知道。　Tā nǎr dōu qù guo, shénme dōu zhīdao.

2 我 连 单词 都 不 明白。　Wǒ lián dāncí dōu bù míngbai.

3 连 博士 也 不 会 做 这 道 题。　Lián bóshì yě bú huì zuò zhè dào tí.

083 **④** **複文Ⅱ（仮定）**

「如果 rúguǒ［要是 yàoshi］〜（的话 dehuà），就 jiù〜」＝「もし〜ならば」

1 如果 明天 不 下 雨（的话），我们 就 去 海边 玩儿。
　　　　Rúguǒ míngtiān bú xiàyǔ (dehuà), wǒmen jiù qù hǎibiān wánr.

2 要是 你 愿意（的话），就 和 我 一起 去 吃饭 吧。
　　　　Yàoshì nǐ yuànyì (dehuà), jiù hé wǒ yìqǐ qù chīfàn ba.

重阳节
chóng yáng jié

独在异乡为异客，每逢佳节倍思亲。
dú zài yìxiāng wéi yì kè　　měi féng jiā jié　bèi sī qīn

《九月九日忆山东兄弟》唐・王维
jiǔyuèjiǔrì　　yì Shāndōngxiōngdì　Táng　Wáng Wéi

ミニ辞書 🌿 小辞庫

社长 shèzhǎng 社長 // 练 liàn 練習する // 练习 liànxí 練習、練習する // 商量 shāngliang 相談する // 太极拳 tàijíquán 太極拳 // 烤鸭 kǎoyā 北京ダック、アヒルの丸焼き // 尝 cháng 味見をする、味わう // 知道 zhīdao 知っている // 明白 míngbai 分かる // 道 dào（助数詞）題、個 // 题 tí 問題 // 海边 hǎibiān 海辺 // 愿意 yuànyì 〜したい // 饭店 fàndiàn ホテル // 法餐厅 fǎcāntīng フランス料理店 // 中餐厅 zhōngcāntīng 中華料理店 // 日料店 rìliàodiàn 日本料理店 // 俄语 Éyǔ ロシア語 // 见 jiàn 会う // 曾经 céngjīng かつて // 时间 shíjiān 時間

1 次のピンインを漢字に書き直しなさい。

guójiā _____   línguó _____   Éguó _____

Běijīng _____   Shànghǎi _____ zhōuyóu _____

shìjiè _____   dìtú _____   jiànshi _____

2 次の漢字にピンインをつけなさい。

隔海相望 _____   接壤 _____   海边 _____

菲律宾 _____   商量 _____   愿意 _____

真想 _____   机会 _____   护照 _____

3 下記の空欄を埋め、文を完成しなさい。

① 你看 _____ 京剧没有？

② 我还 _____ 看过。

③ _____ 你不愿意的话，我 _____ 不去了。

④ 那个饭店里 _____ 两家法餐厅。

⑤ 手机 _____ 桌子上。

4 下記の日本語を中国語に訳しなさい。

① 私はかつてロシア語を勉強したことがある。

_____

② 私は寝る時間もない。

_____

③ あなたはディズニーランドに行ったことがありますか。

_____

④ 私は北京で彼に一度会ったことがある。

_____

⑤ もし明日雨が降ったら、私は読書をしに図書館に行きます。

_____

8

书 买 到 了 吗？
Shū mǎi dào le ma?

084

会話文

A 诶， 你 快 出来 看看， 那边 排着 好多 人！
Ei, nǐ kuài chūlai kànkan, nàbiān páizhe hǎoduō rén!

B 今天 那里 有 一个 网红 搞 签售 活动。
Jīntiān nàli yǒu yíge wǎnghóng gǎo qiānshòu huódòng.

A 要不， 咱们 也 过去 凑凑 热闹？
Yàobu, zánmen yě guòqu còucou rènao?

他 的 书 你 买 到 了 吗？
Tā de shū nǐ mǎi dào le ma?

B 书 卖 光 了， 我 没 买 到。 去 了 恐怕
Shū mài guāng le, wǒ méi mǎi dào. Qù le kǒngpà

也 进 不 去， 见 不 到 本人 吧。
yě jìn bu qù, jiàn bu dào běnrén ba.

A 大数据 时代 的 网红 人气 真 旺 啊。
Dàshùjù shídài de wǎnghóng rénqì zhēn wàng a.

B 是 啊， 你 也 经常 发 微博 吗？
Shì'a, nǐ yě jīngcháng fā Wēibó ma?

A 不好意思， 我 还 不 知道 怎么 开 微博 呢，
Bùhǎoyìsi, wǒ hái bù zhīdào zěnme kāi Wēibó ne,

如果 你 会 的话 就 教教 我， 好 吗？
rúguǒ nǐ huì dehuà jiù jiāojiao wǒ, hǎo ma?

B 没 问题， 回头 我 把 方法 用 邮件 给 你
Méi wèntí, huítóu wǒ bǎ fāngfǎ yòng yóujiàn gěi nǐ

发 过去。
fā guò qu.

□ 买到 mǎi dào	買う、入手する		□ 大数据 dàshùjù	ビックデータ
□ 诶 ēi, éi	ねえ、あのね		□ 时代 shídài	時代
□ 快 kuài	早く、急いで		□ 人气 rénqì	人気
□ 出来 chūlai	出てくる		□ 旺 wàng	盛んだ
□ 那边 nàbiān	あそこ		□ 经常 jīngcháng	いつも
□ 排 pái	並ぶ		□ 发 fā	発信する、投稿する
□ ～着 ～zhe	～てある、～ている		□ 微博 Wēibó	ウェイボー、ミニブログサイト
□ 好多 hǎoduō	たくさん			
□ 网红 wǎnghóng	インフルエンサー、ネット上の人気者		□ 不好意思 bùhǎoyìsi	お恥ずかしいこと…
			□ 还 hái	まだ
□ 搞 gǎo	やる、おこなう		□ 开 kāi	開設する、ひらく
□ 签售 qiānshòu	サイン販売		□ 教 jiāo	教える
□ 活动 huódòng	活動、イベント		□ 没问题 méiwèntí	大丈夫です、問題ありません
□ 要不 yàobu	なんなら			
□ 过去 guòqu	近寄って行く		□ 回头 huítóu	のちほど、後で
□ 凑热闹 còurènao	野次馬に加わる、仲間入りをする		□ 把～ bǎ	～を
			□ 方法 fāngfǎ	方法
□ 卖光 mài guāng	売り切れる		□ 邮件 yóujiàn	メール
□ 恐怕 kǒngpà	おそらく		□ 给～ gěi	～に
□ 进不去 jìn bu qù	入れない		□ 发 fā	送信する
□ 见不到 jiàn bu dào	見えない、会えない		□ ～过去 guòqu	(動詞の後について、移動するニュアンスを表す)
□ 本人 běnrén	本人			

9

解　説

1　**結果補語**：動詞の直後において、動作や行為の結果を表す。

常用されるのは、「～完 wán ＝～しおわる」「～懂 dǒng ＝～してわかる」
　　　　　　　「～到 dào ＝～手にいれる」「～清楚 qīngchu ＝はっきりと～」
　　　　　　　「～见 jiàn ＝耳や目で感じ取る」「～会 huì ＝～して習得する」
　　　　　　　「～好 hǎo ＝満足できる状態になる」　など。

1　弟弟 做 完 作业 了。　　　Dìdi zuò wán zuòyè le.

2　孩子 听 懂 大人 的 话 了。　Háizi tīng dǒng dàrén de huà le.

3　她 听 见 小鸟 叫 了。　　　Tā tīng jiàn xiǎoniǎo jiào le.

4　学生们 都 想 学 好 中文。　Xuésheng men dōu xiǎng xué hǎo Zhōngwén.

② **方向補語**：動詞の後に付け、「〜てくる」「〜ていく」「〜しはじめる」のように、動作の方向や発生等を表す。

	上 shàng のぼる	下 xià くだる	进 jìn はいる	出 chū でる	回 huí もどる	过 guò すぎる	起 qǐ おきる	开 kāi はなれる
〜来 lai	上来	下来	进来	出来	回来	过来	起来	—
〜去 qu	上去	下去	进去	出去	回去	过去	—	—

① 我 上 来，他 下 去。　　　　Wǒ shàng lai, tā xià qu.

② 老师 走 进来，学生 跑 出去。　Lǎoshī zǒu jìnlai, xuésheng pǎo chūqu.

③ 鸽子 飞 过来 了。　　　　　　Gēzi fēi guòlai le.

④ 打 开 窗户，换换 空气。　　　Dǎ kāi chuānghu, huànhuan kōngqì.

③ **可能補語**：「結果補語」「方向補語」に用いる。動詞と結果・方向補語の間に「得 de ／ 不 bu」を入れ、可能／不可能を表す。

听见　　　做完　　　回来　　　站起来

听得见　　做得完　　回得来　　站得起来

听不见　　做不完　　回不来　　站不起来

① 她 听 得 见 小鸟 的 叫声。　Tā tīng de jiàn xiǎoniǎo de jiàoshēng.

② 弟弟 做 不 完 作业。　　　　Dìdi zuò bu wán zuòyè.

③ 燕子 飞 不 出去。　　　　　Yànzi fēi bu chūqù.

④ 窗户 打 不 开。　　　　　　Chuānghu dǎ bu kāi.

089 **④** **存現文**： 存在や現象を表す。

語順：「場所・時間＋動詞＋名詞（存在・出現・消失するモノ）」
＝「〜が存在・出現・消失する」。

1. 墙 上 挂 着 一 张 世界 地图。　　Qiáng shang guà zhe yì zhāng shìjiè dìtú.
2. 这 个 学期 来 了 一 个 新 同学。　　Zhè ge xuéqī lái le yí ge xīn tóngxué.
3. 昨天 丢 了 一 部 手机。　　Zuótiān diū le yí bù shǒujī.

090 **⑤** **持続を表す「〜着 zhe」**：動詞の直後につき、その動作が今進行中、或いは動作の結果
が存続中であることを表す。

1. 外边 正 刮 着 大风 呢。　　Wàibiān zhèng guā zhe dàfēng ne.
2. 躺 着 看 书 对 眼睛 不好。　　Tǎng zhe kàn shū duì yǎnjing bù hǎo.

091 **⑥** **「有」構文**：「有」の目的語は、その後の動詞の限定語（被修飾語）あるいは動作主となる。

1. 那里 有 人 游泳。　　Nàli yǒu rén yóu yǒng.
2. 我 没有 钱 买 名牌儿。　　Wǒ méiyǒu qián mǎi míngpáir.
3. 她 有 一 件 衣服 很 好看。　　Tā yǒu yí jiàn yīfu hěn hǎokàn.
4. 我 有 一 个 朋友 会 说 法语。　　Wǒ yǒu yí ge péngyou huì shuō Fǎyǔ.

092 **⑦** **「把」構文**：動詞の後にある目的語を、「把 bǎ（前置詞）＋目的語（名詞）」の形で、述語
（動詞）の前に持ってきて、目的語がどのように処置されるのかを強調する
文。動詞の後には「他の成分」がなければならない。

語順：主語＋把＋目的語＋述語＋他の成分。

1. 我 把 那 本 小说 买 回来 了。　　Wǒ bǎ nà běn xiǎoshuō mǎi huílai le.
　 我 买 回来 了 那 本 小说。　　Wǒ mǎi huílai le nà běn xiǎoshuō.
2. 请 你 把 这 个 消息 告诉 他。　　Qǐng nǐ bǎ zhè ge xiāoxi gàosu tā.
　 请 你 告诉 他 这 个 消息。　　Qǐng nǐ gàosu tā zhè ge xiāoxi.
3. 她 已经 把 课文 念 得 很 熟 了。　　Tā yǐjīng bǎ kèwén niàn de hěn shú le.
　 她 已经 念 课文 念 得 很 熟 了。　　Tā yǐjīng niàn kèwén niàn de hěn shú le.

9

红叶
hóng yè

停车坐爱枫林晚，霜叶红于二月花。
tíng chē zuò ài fēng lín wǎn　shuāng yè hóng yú èr yuè huā

《山行》唐·杜牧
shānxíng　Táng　Dù Mù

ミニ辞書 小辞庫

做完 zuòwán やり終わる // 听懂 tīngdǒng 聞いてわかる // 听见 tīngjiàn 聞こえる // 学好 xuéhǎo マスターする // 大人 dàrén おとな // 话 huà 話し // 小鸟 xiǎoniǎo 小鳥 // 叫 jiào さえずる、啼く // 走 zǒu 歩く // 跑 pǎo 走る // 鸽子 gēzi ハト // 燕子 yànzi ツバメ // 飞 fēi 飛ぶ // 打开 dǎkāi 開く、開ける // 窗户 chuānghu 窓 // 门 mén ドア // 换 huàn 取り替える // 空气 kōngqì 空気 // 叫声 jiàoshēng 啼き声 // 墙上 qiángshang 壁に // 挂 guà 掛ける // 学期 xuéqī 学期 // 新 xīn 新しい // 丢 diū 無くす // ～着 ～zhe ～ている、～のまま // 躺 tǎng 横たわる // 对 duì ～対して // 眼睛 yǎnjing 目 // 钱 qián お金 // 名牌儿 míngpáir ブランド品 // 课文 kèwén 本文 // 念 niàn（声を出して）読む // 熟 shú、shóu 慣れている、成熟する // 习惯 xíguàn 習慣 // 及格者 jígézhě 合格者 // 名字 míngzi 名前 // 工作 gōngzuò 仕事 // 钱包 qiánbāo 財布 // 忘 wàng 忘れる // 书包 shūbāo カバン // 拿 ná 持つ // 笔记本 bǐjìběn ノート // 位 wèi（人を数える助数詞） // 楼上 lóushàng 上の階 // 手绢儿 shǒujuànr ハンカチ // 块 kuài（塊になったものを数える助数詞） // 还 huán 返却する // 日元 rìyuán 日本円 // 已经 yǐjīng すでに // 学完 xuéwán 習い終わる // 学会 xuéhuì 習ってできる // 抄完 chāowán 写し終わる // 念熟 niànshú すらすら読める // 背熟 bèishú すらすら暗唱できる // 掉 diào 落とす // 翻译 fānyì 訳す、翻訳する、通訳する // 成 chéng ～になる // 抖音 Dǒuyīn TikTok（ティックトック）

1 次のピンインを漢字に書き直しなさい。

mǎidào _____	màiguāng _____	lǐwù _____
xiāoxi _____	xiǎoshuō _____	yóujiàn _____
kōngqì _____	dàfēng _____	chuānghu _____

2 次の漢字にピンインをつけなさい。

告诉 _____	方法 _____	要不 _____
恐怕 _____	经常 _____	回头 _____
热闹 _____	学期 _____	数据 _____

3 下記の空欄を埋め、文を完成しなさい。

❶ 黑板上写 _____ 及格者的名字。

❷ 你做 _____ 了这些工作，可以回去。

❸ 你看 _____ 见黑板上的字吗？

❹ 我看不 _____ 上面的字。

❺ 我 _____ 钱包忘在家里了。

4 下記の日本語を中国語に訳しなさい。

❶ 彼はカバンから一冊ノートを取り出しました。

_____

❷ 私たちの大学に中国語の先生が一人来ました。

_____

❸ 上の階からハンカチが一枚落ちてきました。

_____

❹ 私はあの小説をすでに読み終えました。

_____

❺ 私に彼は一万円返してくれた。

_____

假期 有 什么 打算 吗?
Jiàqī yǒu shénme dǎsuan ma?

🎤 093

会話文

Ⓐ 日子 过 得 真 快,马上 就要 放假 了。
Rìzi guò de zhēn kuài, mǎshàng jiùyào fàngjià le.

假期 有 什么 打算 吗?
Jiàqī yǒu shénme dǎsuan ma?

Ⓑ 父母 想 让 我 出国 留学。
Fùmǔ xiǎng ràng wǒ chūguó liúxué.

Ⓐ 你 自己 怎么 想?
Nǐ zìjǐ zěnme xiǎng?

Ⓑ 因为 我 已经 长大 了,所以 不 想 再 被
Yīnwèi wǒ yǐjīng zhǎngdà le, suǒyǐ bù xiǎng zài bèi

什么人 管着 了。
shénme rén guǎnzhe le.

Ⓐ 那 你 想 怎么样 呢?
Nà nǐ xiǎng zěnmeyàng ne?

Ⓑ 我 想 去 参加 志愿者 活动。
Wǒ xiǎng qù cānjiā zhìyuànzhě huódòng.

Ⓐ 真巧,我 也 想 去 做 一些 公益 活动,一
Zhēnqiǎo, wǒ yě xiǎng qù zuò yìxiē gōngyì huódòng, yí

放假 我 就 去 报名。
fàngjià wǒ jiù qù bàomíng.

Ⓑ 好,咱们 各自 努力。祝 你 一切 顺利!
Hǎo, zánmen gèzì nǔlì. Zhù nǐ yíqiè shùnlì!

下学期 再见。
Xià xuéqī zàijiàn.

□ 假期 jiàqī	休暇	□ 什么人 shénmerén	だれか
□ 打算 dǎsuan	予定、計画、～するつもりだ	□ 管 guǎn	管理する、監督する
		□ 参加 cānjiā	参加する
□ 日子 rìzi	日、期日、日数	□ 志愿者 zhìyuànzhě	ボランティア
□ 过 guò	過ぎる	□ 真巧 zhēnqiǎo	折よく、タイミングがよい
□ 马上 mǎshàng	もうすぐ	□ 做 zuò	～をやる、～をする
□ 就要～了 jiùyào~le	まもなく～になる	□ 一些 yìxiē	いくらか、ある程度の
□ 放假 fàngjià	休暇になる	□ 公益活动 gōngyì huódòng	公益活動
□ 父母 fùmǔ	両親	□ 一～就～ yì~jiù	～すると、すぐ～
□ 出国 chūguó	出国	□ 报名 bàomíng	申し込みをする、申し込む
□ 自己 zìjǐ	自分で、自己	□ 各自 gèzì	それぞれ、各々
□ 因为～所以～ yīnwèi~suǒyǐ	～だから、～なので（その結果）～だ	□ 努力 nǔlì	努力する
		□ 祝 zhù	祈る
		□ 一切 yíqiè	すべて
□ 长大 zhǎngdà	成長する、大人になる	□ 顺利 shùnlì	順調だ
□ 再 zài	さらに、なおさら	□ 下学期 xià xuéqī	来学期
□ 被～ bèi	～に～される		

解　説

1　**疑問詞の非疑問用法**：「いくつか」「だれか」「なにか」「どこか」

1　你 有 什么 打算 吗?　　　　Nǐ yǒu shénme dǎsuan ma?

　　有。　　　　　　　　　　　　Yǒu.

　　你 有 什么 打算?　　　　　　Nǐ yǒu shénme dǎsuan?

　　我 打算 明年 考研。　　　　　Wǒ dǎsuan míngnián kǎoyán.

2　想 吃 点儿 什么 吗?　　　　Xiǎng chī diǎnr shénme ma?

　　想 (吃)。　　　　　　　　　　Xiǎng (chī).

　　想 吃 点儿 什么?　　　　　　Xiǎng chī diǎnr shénme?

　　想 吃 几个 饺子。　　　　　　Xiǎng chī jǐge jiǎozi.

3　我 学 过 几年 法律。　　　　Wǒ xué guo jǐnián fǎlǜ.

4　春假 想 去 哪儿 玩儿 玩儿。　Chūnjià xiǎng qù nǎr wánr wanr.

2 **近未来の表現**：「就要～了 jiùyào ～ le」「快要～了 kuàiyào ～ le」
= 「まもなく～になる」

1. 就要 放 寒假 了。　　　　　Jiùyào fàng hánjià le.
2. 快要 下 雨 了。　　　　　　Kuàiyào xià yǔ le.
3. 马上 就要 考试 了。　　　　Mǎshàng jiùyào kǎoshì le.

3 **複文Ⅲ**

1．因果関係「因为 yīnwèi ～所以 suǒyǐ ～」=「だから」「なので」（その結果）「～だ」

1. 因为 有 点儿 不 舒服，所以 他 今天 请假 了。
　　　　　　Yīnwèi yǒu diǎnr bù shūfu, suǒyǐ tā jīntiān qǐngjià le.
2. 因为 天气 不 好，所以 航班 被 取消 了。
　　　　　　Yīnwèi tiānqì bù hǎo, suǒyǐ hángbān bèi qǔxiāo le.

2．継起関係「一 yī ～就 jiù ～」=「～すると、すぐ～」

1. 一 到 春天 花 就 开 了。　　　Yí dào chūntiān huā jiù kāi le.
2. 他 每天 一 下 课 就 去 打 工。　Tā měitiān yí xià kè jiù qù dǎ gōng.

4 **受け身文**：語順：「主語（＝受動者）＋ 被 bèi・叫 jiào・让 ràng ＋目的語（＝動作主）＋
動詞＋他の成分」

1. 我 的 钱包 被（小偷儿）偷 了。　Wǒ de qiánbāo bèi (xiǎotōur) tōu le.
2. 我 叫 老师 批评 了。　　　　　　Wǒ jiào lǎoshī pīpíng le.
3. 鱼 让 猫 吃 了。　　　　　　　　Yú ràng māo chī le.

冬雪
dōng xuě

孤舟蓑笠翁，独钓寒江雪。
gū zhōu suō lì wēng　dú diào hán jiāng xuě

《江雪》唐·柳宗元
jiāngxuě　Táng　Liǔ Zōngyuán

10

ミニ辞書　小辞庫

考研 kǎoyán マスターかドクターの入学試験を受ける // 快要〔就要〕～了 kuàiyào〔jiùyào〕～le まもなく～になる // 请假 qǐngjià 休暇を申請する、欠席届をする // 天气 tiānqì 天気 // 航班 hángbān フライト // 取消 qǔxiāo 取り消す // 到 dào 到着する // 花 huā 花 // 开 kāi 咲く // 小偷儿 xiǎotōur スリ、盗人 // 偷 tōu 盗む // 批评 pīpíng 批判する、叱る // 表扬 biǎoyáng 褒める // 鱼 yú 魚 // 联欢会 liánhuānhuì 交歓会 // 讲演会 jiǎngyǎnhuì 講演会 // 辩论会 biànlùnhuì 弁論会 // 义务活动 yìwùhuódòng 奉仕活動、ボランティア活動 // 表演 biǎoyǎn 実演する、上演する // 节目 jiémù 出し物、プログラム // HSK HSK 中国語能力認定試験 // 汉语 Hànyǔ 中国語 // 水平 shuǐpíng 水準、レベル // 考试 kǎoshì 試験 // 笔试 bǐshì 筆記試験 // 口试 kǒushì 口頭試験 // 听力 tīnglì リスニング // 感动 gǎndòng 感動する // 说服 shuōfú 説得する // 笑话 xiàohua あざ笑う、笑い話 // 欺骗 qīpiàn だます // 找 zhǎo 探す // 什么地方 shénmedìfang どこ、どこか // 生气 shēngqì 怒る // 公园 gōngyuán 公園 // 游人 yóurén 観光客、見物客 // 礼物 lǐwù お土産、プレゼント // 买 mǎi 買う // 顿 dùn （助数詞）（動作の回数を表す）回、度 // 这次 zhècì このたび、今回 // 下次 xiàcì この次、次回

1 次のピンインを漢字に書き直しなさい。

mǎshàng	xiàkè	kǎoshì
bàomíng	dǎsuan	chūguó
nǔlì	gōngyìhuódòng	shùnlì

2 次の漢字にピンインをつけなさい。

真巧	寒假	打工
航班	取消	长大
批评	法律	请假

3 下記の空欄を埋め、文を完成しなさい。

① 他马上 _____ 回来了。

② 妈妈不 _____ 我看电视。

③ 我的电脑 _____ 偷走了。

④ 你想喝点儿 _____ 吗?

⑤ 因为他有事, _____ 不能参加会议。

4 下記の日本語を中国語に訳しなさい。

① 私たちはどこかで食事をしましょうよ。

_____

② 私は彼女に何かプレゼントを買いたい。

_____

③ 今回は私があなたにごちそうしますよ。

_____

④ 私は先生に叱られたことがない。

_____

⑤ 今日は天気がいいので、公園には観光客がとても多い。

_____

---

1 下記の句の意味を理解した上暗記しなさい。

子曰、人不知而不慍、不亦君子乎、（出典：『論語』学而第一 1）

Zǐyuē、rén bùzhī ér búyùn、bú yì jūnzǐ hū.

子曰く、人知らずして慍（うら）みず、亦君子ならずや

2 次の疑問文の種類を（　　　）に書き入れ、作り方を確認した上中国語で回答しなさい。

㉑ 你学过中文吗?（　　　　　　）

你学（过）没学过中文?（　　　　　　）

你学过中文没有（学过）?（　　　　　　）

㉒ 你学了多长时间中文?（　　　　　　）

你学过多长时间中文?（　　　　　　）

你学[说]中文学[说]得怎么样?（　　　　　　）

㉓ 谁教你们中文?（　　　　　　）

㉔ 你觉得中文怎么样?（　　　　　　）

㉕ 一天能记住一百个单词吗?（　　　　　　）

一天记得住一百个单词吗?（　　　　　　）

一天记得住记不住一百个单词?（　　　　　　）

一天记得住一百个单词记不住?（　　　　　　）

10

㉖ 作业能做完吗? （　　　　　　）

作业能不能做完? （　　　　　　）

作业做得完吗? （　　　　　　）

作业做得完做不完? （　　　　　　）

㉗ 你什么时候毕业? （　　　　　　）

你哪一年毕业? （　　　　　　）

你什么时候毕的业? （　　　　　　）

㉘ 你将来想做什么? （　　　　　　）

㉙ 你将来想考研，还是想进公司? （　　　　　　）

㉚ 你有什么心愿吗? （　　　　　　）

你有没有什么心愿? （　　　　　　）

你有什么心愿没有? （　　　　　　）

你有什么心愿? （　　　　　　）

6	长江	Chángjiāng	長江
4	长颈鹿	chángjǐnglù	キリン
4	超市	chāoshì	スーパーマーケット
9	抄完	chāo wán	写し終わる
9	成	chéng	～となる
6	成绩	chéngjì	成績
2	程序设计	chéngxùshèjì	プログラミング
0	成长	chéngzhǎng	成長する
1	吃	chī	食べる
5	迟到	chídào	遅刻する
6	冲绳	Chōngshéng	沖縄
5	宠物	chǒngwù	ペット
3	重阳节	Chóngyángjié	重陽の節句
5	抽烟	chōu yān	タバコを吸う
9	出	chū	でる
7	穿	chuān	着る、はく
9	窗户	chuānghu	窓
1	初次	chūcì	初めて
6	出发	chūfā	出発する
10	出国	chūguó	出国する、国を出る
9	出来	chūlai	出てくる
5	吹	chuī	吹く、演奏する
3	春假	chūnjià	春休み
3	春节	chūnjié	旧正月、春節
3	春天	chūntiān	春
3	春夏秋冬	chūn xià qiū dōng	
			春夏秋冬
9	出去	chūqu	出ていく
2	初中	chūzhōng	中学校
7	出租车	chūzūchē	タクシー
5	次	cì	(助数詞)回、次
4	辞典	cídiǎn	辞書
5	从～	cóng	～から
9	凑热闹	còurènao	野次馬に加わる、
			仲間入りをする

		D	

5	大	dà	強い、大きい
6	大	dà	大きい
5	打	dǎ	打つ、する
7	大草原	dàcǎoyuán	大草原
7	打电话	dǎ diànhuà	電話をかける
7	大概	dàgài	だいたい
5	打工	dǎ gōng	アルバイトをする

3	大后年	dàhòunián	明々後年、三年後
3	大后天	dàhòutiān	しあさって
0	大夫	dàifu	医者
1	大家	dàjiā	皆さん
0	打开	dǎ kāi	開く、開ける
4	当	dāng	～になる
3	当然	dāngrán	もちろん
7	单词	dāncí	単語
0	到	dào	(点呼時)はい
7	到～	dào	～まで
8	道	dào	(助数詞)題、個
10	到	dào	到着する
9	～到	dào	～手にいれる
3	～点～分	diǎn～fēn	～時～分
9	～懂	dǒng	～してわかる
3	大前年	dàqiánnián	さきおととし
3	大前天	dàqiántiān	さきおととい
9	大人	dàrén	おとな
9	大数据	dàshùjù	ビックデータ
10	打算	dǎsuan	予定、計画、
			～するつもりだ
5	大提琴	dàtíqín	チェロ
4	大象	dàxiàng	ゾウ
0	大学	dàxué	大学
2	大学生	dàxuéshēng	大学生
2	的	de	の
5	得	de	(補語を導く助詞)
6	～地	de	(連用修飾語をつくる
			助詞)～と、～に
3	德国	Déguó	ドイツ
6	得	děi	～しなければならない
0	得了	déle	もういい、できた
8	等等	děngděng	などなど
7	得主	dézhǔ	受賞者
3	～点	diǎn	～時
7	电车	diànchē	電車
0	电话	diànhuà	電話
0	点名	diǎn míng	点呼する
0	电脑	diànnǎo	パソコン
4	电视剧	diànshìjù	テレビドラマ
1	电影	diànyǐng	映画
4	电影院	diànyǐngyuàn	映画館
9	掉	diào	落とす
0	弟弟	dìdi	弟

3	迪斯尼海	Dísīníhǎi	ディズニーシー
3	迪斯尼乐园	Dísīnílèyuán	ディズニーランド
7	地铁	dìtiě	地下鉄
0	地图	dìtú	地図
9	丢	diū	なくす、失う
0	第～页	dì ～ yè	第～ページ
4	东	dōng	東
4	东边	dōngbiān	東
3	东京	Dōngjīng	東京
4	动漫	dòngmàn	アニメ
4	东面	dōngmiàn	東
3	冬天	dōngtiān	冬
4	动物园	dòngwùyuán	動物園
1	都	dōu	みんな、すべて
0	豆儿	dòur	豆
9	抖音	Dǒuyīn	TikTok（ティックトック）
0	肚	dù	腹
3	端午节	Duānwǔjié	端午の節句
0	对	duì	そのとおり、正しい
9	对～	duì	～対して
0	对不起	duìbuqǐ	すいません、ごめんなさい
3	对了	duìle	そうだ
4	对面	duìmiàn	向かい側
10	顿	dùn	（助数詞）（動作の回数を表す）回、度
6	多	duō	多い
7	～多	duō	～あまり
1	多～	duō	大いに
6	多长	duō cháng	どれぐらい長い
7	多长时间	duōcháng shíjiān	どれぐらいの時間
6	多大	duō dà	いくつ、何歳、どれぐらい大きい
6	多高	duō gāo	どれぐらい高い
0	多了	duōle	多かった
6	多少	duōshao	いくつ、どれぐらい
7	多少分钟	duōshao fēnzhōng	何分間
7	多少个小时	duōshao ge xiǎoshí	何時間
7	多少个星期	duōshao ge xīngqī	何週間
7	多少个月	duōshao ge yuè	何か月間
7	多少秒钟	duōshao miǎozhōng	何秒間
7	多少年	duōshao nián	何年間

7	多少天	duōshao tiān	何日間
5	多远	duō yuǎn	どれぐらい遠い
6	多重	duō zhòng	どれぐらい重い
8	读万卷书	dúwànjuànshū	万巻の書を読む

E			
8	俄国	Éguó	ロシア
9	欸	ēi, éi	ねえ、あのね
0	二	èr	二
8	俄语	Éyǔ	ロシア語

F			
9	发	fā	発信する、投稿する
8	法餐厅	fǎcāntīng	フランス料理店
3	法国	Fǎguó	フランス
2	法律	fǎlǜ	法律
8	饭店	fàndiàn	ホテル
0	反感	fǎngǎn	反感
0	方案	fāng'àn	方案
9	方法	fāngfǎ	方法
10	放假	fàngjià	休暇になる
3	放学	fàngxué	授業が終わる、学校が引ける
0	繁体字	fántǐzì	旧字体
9	翻译	fānyì	訳す、翻訳する
9	飞	fēi	飛ぶ
1	非常	fēicháng	非常に
7	飞机	fēijī	飛行機
8	菲律宾	Fēilǜbīn	フィリピン
4	飞行员	fēixíngyuán	パイロット
3	～分	fēn	～分
5	风	fēng	風
8	封二	fēng'èr	見返し、表紙の裏
5	丰富	fēngfù	豊富
4	附近	fùjìn	近くの、付近、近所
10	父母	fùmǔ	両親

G			
10	感动	gǎndòng	感動する
6	刚	gāng	～したばかり
5	橄榄球	gǎnlǎnqiú	ラグビー
5	钢琴	gāngqín	ピアノ
4	搞	gǎo	やる、行なう

6	高	gāo	高い
7	告诉	gàosu	伝える、知らせる
1	高兴	gāoxìng	うれしい
2	高中	gāozhōng	高校
2	个	gè	(助数詞)個
0	哥哥	gēge	兄
8	隔海相望	géhǎi xiāngwàng	
			海を隔てて相望む
7	给	gěi	与える、くれる
9	给～	gěi	～に
0	跟～	gēn	～について
6	更	gèng	さらに
9	鸽子	gēzi	ハト
10	各自	gèzì	それぞれ、各々、
6	个子	gèzi	身長
6	公分	gōngfēn	センチ
7	公共汽车	gōnggòng qìchē	
			路線バス
6	公斤	gōngjīn	キログラム
5	公里	gōnglǐ	キロメートル
2	公司	gōngsī	会社
7	共享单车	gòngxiǎngdānchē	
			シェアサイクル
2	工学	gōngxué	工学
2	工业	gōngyè	工業
10	公益活动	gōngyì huódòng	
			公益活動
10	公园	gōngyuán	公園
6	工作	gōngzuò	仕事(をする)
5	狗	gǒu	イヌ
0	鼓	gǔ	鼓
0	谷歌	Gǔgē	グーグル
5	刮	guā	吹く
9	挂	guà	掛ける
4	刮风	guā fēng	風が吹く
3	怪不得	guàibude	どうりで
10	管	guǎn	管理する、監督する
1	关照	guānzhào	面倒をみる
5	古典音乐	gǔdiǎn yīnyuè	
			クラシック音楽
5	贵	guì	(値段が)高い
1	贵姓	guìxìng	ご芳名は？
3	～过	guò	～時過ぎ
8	～过	guo	～たことがある

10	过	guò	過ぎる
7	国际	guójì	国際
8	国家	guójiā	国
9	过来	guòlai	近寄って来る
3	过去	guòqù	過去、以前
9	过去	guòqu	近寄って行く
9	～过去	guòqu	(動詞の後について、移動するニュアンスを表す)
3	国外	guówài	国外、海外

H			
1	好	hǎo	良い
9	～好	hǎo	満足できる状態になる
3	～号	hào	日、番号
6	还	hái	さらに
7	还	hái	まだ、また
8	海边	hǎibiān	海辺
5	还不错	háibúcuò	まあまあよい
0	孩儿	háir	こども
5	还可以	háikěyǐ	まあまあよい、そこそこよい
5	还是	háishì	それとも
10	航班	hángbān	フライト
3	寒假	hánjià	冬休み
0	汉语	Hànyǔ	中国語
0	汉语拼音	Hànyǔ pīnyīn	中国式ローマ字表記
3	好啊	hǎo'a	いいよ
1	好吃	hǎochī	(食べ物が)美味しい
9	好多	hǎoduō	とてもたくさん
6	好好儿	hǎohāor	よく、しっかりと、ちゃんと
1	好喝	hǎohē	(飲み物が)美味しい
1	好看	hǎokàn	(見た目が)きれい
1	好听	hǎotīng	(聞く音が)きれい
8	好呀	hǎoya	いいよ、いいね
1	喝	hē	飲む
2	和～	hé	～と
5	喝酒	hē jiǔ	酒を飲む、飲酒
0	黑板	hēibǎn	黒板
5	黑管	hēiguǎn	クラリネット
1	很	hěn	とても
5	很棒	hěnbàng	とてもすばらしい

4	很多	hěnduō	とてもたくさん
3	横滨	Héngbīn	横浜
1	何平	Hé Píng	何平（人名）
0	合上	hé shang	閉じる
1	红茶	hóngchá	紅茶
4	后	hòu	うしろ
4	后边	hòubiān	うしろ
4	后方	hòufāng	うしろの方
4	后面	hòumiàn	うしろ
3	后年	hòunián	さ来年
3	后天	hòutiān	あさって、明後日
4	猴子	hóuzi	サル
10	HSK	HSK	中国語能力認定試験
10	花	huā	花
6	画	huà	描く
9	话	huà	話し
5	滑冰	huá bīng	スケート（をする）
9	还	huán	返却する
9	换	huàn	取り替える
6	画儿	huàr	絵
5	滑雪	huá xuě	スキー（をする）
9	回	huí	戻る
5	会	huì	～できる
9	～会	huì	～して習得する
6	回答	huídá	回答（する）
3	回国	huí guó	帰国する
3	回家	huí jiā	帰宅する
9	回来	huílai	戻ってくる
9	回去	huíqu	戻っていく
9	回头	huítóu	のちほど、あとで
5	会议	huìyì	会議
9	活动	huódòng	活動、イベント
8	护照	hùzhào	パスポート

J

0	鸡	jī	ニワトリ
4	家	jiā	家
5	价格	jiàgé	価格、値段
8	见	jiàn	会う
9	～见	jiàn	耳や目で感じ取る
7	件	jiàn	（助数詞）件、個
1	见面	jiàn miàn	顔を合わせる、会う
9	见不到	jiàn bu dào	見られない、会えない
4	讲课	jiǎng kè	授業をする

3	将来	jiānglái	将来
10	讲演会	jiǎngyǎnhuì	講演会
8	见识	jiànshi	見識、見聞
0	简体字	jiǎntǐzì	簡体字
3	建校	jiànxiào	建学、学校を創立する
7	教	jiāo	教える
4	脚	jiǎo	足（くるぶしより下）
1	叫～	jiào	（フルネーム） ～という
6	叫～	jiào	～させる
9	叫	jiào	さえずる、啼く
9	叫声	jiàoshēng	鳴き声、さえずり
4	教室	jiàoshì	教室
3	教师节	Jiàoshījié	教師節 （九月第二日曜日）
4	教学楼	jiàoxuélóu	講義棟
1	饺子	jiǎozi	餃子
10	假期	jiàqī	休暇
4	家长	jiāzhǎng	保護者、世帯主
6	机场	jīchǎng	空港
3	几点	jǐ diǎn	何時
6	接	jiē	迎える
7	借	jiè	借りる、貸す
5	结婚	jié hūn	結婚する
3	节假日	jiéjiàrì	祝祭日
0	姐姐	jiějie	姉
6	姐妹	jiěmèi	姉妹
10	节目	jiémù	出し物、プログラム
8	接壤	jiērǎng	境界・国境を接する
3	几分	jǐ fēn	何分
7	几分钟	jǐ fēnzhōng	何分間
7	几个小时	jǐ ge xiǎoshí	何時間
7	几个星期	jǐ ge xīngqī	何週間
7	几个月	jǐ ge yuè	何か月間
9	及格者	jígézhě	合格者
3	几号	jǐ hào	何日
8	机会	jīhuì	機会、チャンス
7	几秒钟	jǐ miǎozhōng	何秒間
4	进	jìn	入る
7	近	jìn	近い
9	进不去	jìn bu qù	入って行けない
9	经常	jīngcháng	いつも、よく
2	经济	jīngjì	経済
7	京剧	Jīngjù	京劇

5	经验	jīngyàn	経験
2	经营	jīngyíng	経営
7	几年	jǐ nián	何年間
3	纪念日	jìniànrì	記念日
9	进来	jìnlai	入ってくる
8	近邻	jìnlín	近隣
0	机器人	jīqìrén	ロボット
3	今年	jīnnián	今年
9	进去	jìnqu	入っていく
3	今天	jīntiān	今日
5	吉他	jítā	ギター
7	几天	jǐ tiān	何日間
0	九	jiǔ	九
4	就	jiù	ほかではなく、 それこそ
10	就要～了	jiùyào～le	まもなく～になる
3	几月	jǐ yuè	何月
6	记住	jì zhù	覚える、記憶する
6	觉得	juéde	～と思う
4	举行	jǔxíng	行う、挙行する、 開催する

K			
5	咖啡	kāfēi	コーヒー
4	咖啡厅	kāfēitīng	コーヒーショップ
3	开	kāi	開催する　開く
7	开	kāi	操縦する、運転する
10	开	kāi	咲く
9	～开	kāi	～はなれる、 ～わかれる
0	开始	kāishǐ	始める、始まる
5	卡拉OK	kǎlā ōukèi	カラオケ
1	看	kàn	見る
8	看看	kànkan	見てみる
10	考试	kǎoshì	試験、試験を受ける
8	烤鸭	kǎoyā	北京ダック、 アヒルの丸焼き
10	考研	kǎo yán	大学院を受験する
2	课	kè	授業
3	刻	kè	～15分
6	克	kè	グラム
0	可口可乐	Kěkǒukělè	コカ・コーラ
0	客气	kèqi	遠慮する
6	客人	kèren	客

9	课文	kèwén	本文
4	科研	kēyán	科学研究
5	可是	kěshì	しかし
5	可以	kěyǐ	～できる、～してよい
9	恐怕	kǒngpà	おそらく
6	空气	kōngqì	空気
0	空儿	kòngr	暇
4	空调	kōngtiáo	エアコン
10	口试	kǒushì	口頭試験
0	苦	kǔ	苦しい、苦い
9	快	kuài	早く、急いで
9	块	kuài	(助数詞)個、塊
10	快要～了	kuàiyào～le	まもなく～になる

L			
5	拉	lā	弾く、演奏する
0	来	lái	来る
5	篮球	lánqiú	バスケットボール
4	老虎	lǎohǔ	トラ
6	牢牢	láoláo	しっかりと、きちんと
0	姥姥	lǎolao	(母方の)おばあさん
2	老师	lǎoshī	先生
0	姥爷	lǎoye	(母方の)おじいさん
0	乐	lè	楽しい、笑う
4	了	le	～た
6	了	le	～になる
0	乐观	lèguān	楽観
6	冷	lěng	寒い
4	里	lǐ	中、内側
8	练	liàn	練習する
0	恋爱	liàn'ài	恋をする
8	连～都～	lián～dōu	～さえも～
3	两点半	liǎng diǎn bàn	二時半
6	凉快	liángkuai	涼しい
4	两张	liǎng zhāng	二枚
10	联欢会	liánhuānhuì	交歓会
6	练习	liànxí	練習(をする)
4	里边	lǐbiān	なか
4	里面	lǐmiàn	なか
0	零	líng	ゼロ
3	凌晨	língchén	早朝、あけ方
8	邻国	línguó	隣国
4	历史课	lìshǐkè	歴史の授業
4	礼堂	lǐtáng	講堂

0	六	liù	六
4	留学	liúxué	留学する
2	留学生	liúxuéshēng	留学生
3	六一儿童节	Liù Yī Értóngjié	6月1日子供の日
7	礼物	lǐwù	お土産、プレゼント
9	楼上	lóushàng	上の階、階上
1	绿茶	lùchá	緑茶
7	轮船	lúnchuán	船
3	旅行	lǚxíng	旅行する

M

0	妈	mā	母
0	麻	má	アサ
0	马	mǎ	ウマ
0	骂	mà	罵る、罵倒する
2	吗	ma	～か？
0	麻烦	máfan	面倒をかける
7	买	mǎi	買う
7	卖	mài	売る
9	买到	mǎi dào	買って手に入れる、入手する
9	卖光	mài guāng	売り切れる
4	马路	mǎlù	道路、大通り
0	妈妈	māma	母親
6	忙	máng	忙しい
5	猫	māo	ネコ
10	马上	mǎshàng	もうすぐ、すぐに
5	每～	měi	～ごとに
3	美国	Měiguó	アメリカ
0	没关系	méiguānxi	どういたしまして、関係はない
0	妹妹	mèimei	妹
4	每人	měirén	個々人、みんな
3	每天	měitiān	毎日
9	没问题	méiwèntí	大丈夫です、問題ありません
1	没(有)意思	méi(yǒu)yìsi	つまらない、面白くない
9	门	mén	ドア
1	～们	men	～たち、～ら
5	猛	měng	激しい、勢いがよい
8	蒙古	Měnggǔ	モンゴル
0	米	mǐ	メートル

1	免贵	miǎnguì	恐れ入ります (謙譲語)「貴」というほどの者ではありませんが
1	面条	miàntiáo	うどん、ラーメンなど麺類
3	秒	miǎo	秒
0	明白	míngbai	分かる
9	名牌儿	míngpáir	ブランド、一流の商標
3	明年	míngnián	来年
3	明天	míngtiān	明日
9	名字	míngzi	名前
1	茉莉花茶	mòlìhuāchá	ジャスミン茶
0	某某	mǒumǒu	某々

N

9	拿	ná	持つ、取る
2	哪	nǎ, něi	どれ、どの
3	那	nà	それなら
2	那	nà, nèi	それ　あれ
9	那边	nàbiān	あそこ
3	哪国	nǎguó	どの国
0	奶奶	nǎinai	(父方の)おばあさん
3	哪里	nǎlǐ, nǎli	どこ
3	那里	nàli	そこ、あそこ
3	那么	nàme	あんなに　そんなに
3	那么	nàme	そのようにあのように
3	那么样	nàmeyàng	そのようにあのように
1	难	nán	難しい
2	男	nán	男
4	南	nán	南
4	南边	nánbiān	南
4	南面	nánmiàn	南
3	哪儿	nǎr	どこ
3	那儿	nàr	そこ、あそこ
5	哪项	nǎ xiàng	どの種目
2	哪些(个)	nǎxiē(ge)	どのいくつかの
2	那些(个)	nàxiē(ge)	そのいくつかのあのいくつかの
3	那样	nàyàng	そのようにあのように

2	哪(一)[个]	nǎ (yí)[ge]	どれ、どの
2	那(一)[个]	nà (yí)[ge]	それ、その、あれ、あの
3	哪一年	nǎ yì nián	何年、どの一年
2	呢	ne	〜は？
6	呢	ne	〜よ、〜ね、〜わ
4	那位	nèi wèi	あの方、あのひと
5	能〜	néng	〜できる
1	你	nǐ	あなた
0	念	niàn	(声を出して)読む
5	年纪	niánjì	歳、年齢
5	年轻	niánqīng	若い
9	念熟	niàn shú	すらすら読める
1	你好	nǐhǎo	こんにちは
1	你们	nǐmen	あなたたち
1	您	nín	あなた様
4	牛	niú	牛
4	扭	niǔ	挫く
2	女	nǚ	女
6	暖和	nuǎnhuo	暖かい
0	女儿	nǚ'er	むすめ
6	女孩儿	nǚháir	女の子
10	努力	nǔlì	努力する
7	诺奖	Nuòjiǎng	ノーベル賞

	O		
4	哦	ò	そうだ

	P		
0	趴	pā	腹ばいになる
9	排	pái	並ぶ
7	盘	pán	(助数詞)枚、皿
4	旁边	pángbiān	となり
5	跑	pǎo	走る
2	朋友	péngyou	友達
5	便宜	piányi	(値段が)安い
4	片子	piānzi	映画、フイルム
4	票	piào	入場券、チケット
4	平板电脑	píngbǎndiànnǎo	タブレット
0	平方公里	píngfānggōnglǐ	平方キロメートル
6	苹果	píngguǒ	リンゴ
0	屏幕	píngmù	スクリーン
5	乒乓球	pīngpāngqiú	卓球、ピンポン

10	批评	pīpíng	批判する、叱る
6	葡萄	pútao	ブドウ
0	普通话	pǔtōnghuà	標準語、共通語

	Q		
0	七	qī	七
7	骑	qí	(またがって)乗る
9	起	qǐ	おきる
0	千	qiān	千
4	前	qián	前
9	钱	qián	お金
9	钱包	qiánbāo	財布
4	前边	qiánbiān	前
4	前方	qiánfāng	前の方
9	墙上	qiáng shang	壁に
4	前面	qiánmiàn	前
9	签售	qiānshòu	サイン販売
3	前年	qiánnián	おととし
3	前天	qiántiān	一昨日、おととい
2	千叶	Qiānyè	千葉
3	起床	qǐ chuáng	起きる、起床する
4	7号楼	qīhàolóu	7号館
9	起来	qǐlai	起きてくる
1	请〜	qǐng	どうぞ〜をしてください
6	请〜	qǐng	〜してもらう
2	情报	qíngbào	情報
9	〜清楚	qīngchu	はっきりと〜
10	请假	qǐng jià	休暇を申請する、休みを取る
5	清酒	qīngjiǔ	清酒
3	清明节	Qīngmíngjié	清明節
1	请问	qǐngwèn	お尋ねしますが
3	庆祝会	qìngzhùhuì	祝賀会
10	欺骗	qīpiàn	だます
3	七巧节(七夕)	Qīqiǎojié (Qīxī)	七夕
3	秋天	qiūtiān	秋
3	七一建党纪念日	QīYī Jiàndǎngjìniànrì	7月1日建党纪念日
1	去	qù	行く
3	去年	qùnián	去年
10	取消	qǔxiāo	取り消す、キャンセルする

R

6	让〜	ràng	〜させる
6	热	rè	暑い
0	热狗	règǒu	ホットドッグ
3	热闹	rènao	にぎやか
4	人	rén	人、人間
9	人气	rénqì	人気
1	认识	rènshi	知り合う
2	日本人	Rìběn rén	日本人
3	日出	rìchū	日が昇る
8	日料店	rìliàodiàn	日本料理店
3	日落	rìluò	日が沈む
1	日文	Rìwén	日本語
1	日语	Rìyǔ	日本語
9	日元	Rìyuán	日本円
3	日子	rìzi	日、日々、期日
1	荣幸	róngxìng	光栄だ
1	容易	róngyì	易しい
8	如果〜的话	rúguǒ〜dehuà	もし〜ならば

S

0	三	sān	三
3	三八妇女节	SānBā Fùnǚjié	3月8日婦人デー
3	三点	sān diǎn	三時
4	上	shàng	上
6	上	shàng	(学校に)かよう、(授業を)うける
9	上	shàng	のぼる
6	上班	shàng bān	仕事に行く
4	上边	shàngbiān	上
4	商城	shāngchéng	商業モール
3	上个星期	shàng ge xīngqī	先週
3	上个月	shàng ge yuè	先月
3	上海	Shànghǎi	上海
0	上课	shàng kè	授業をする
9	上来	shànglai	上ってくる
8	商量	shāngliang	相談する
4	上面	shàngmiàn	上
9	上去	shàngqu	上っていく
7	上上个月	shàngshàng ge yuè	先々月
3	上午	shàngwǔ	午前

6	上学	shàngxué	学校に行く
4	上映	shàngyìng	上映する
6	少	shǎo	少ない
5	绍兴酒	shàoxīngjiǔ	紹興酒
1	谁	shéi, shuí	だれ
6	设计师	shèjìshī	デザイナー
6	身高	shēngāo	身長
10	生气	shēngqì	怒る
2	什么	shénme	なに、どんな
10	什么地方	shénme dìfang	どこ
10	什么人	shénme rén	だれか、どんな人
3	什么时候	shénme shíshou	いつ
8	申请	shēnqǐng	申請する
3	深夜	shēnyè	深夜
8	社长	shèzhǎng	社長
0	十	shí	十、10
6	使〜	shǐ	〜させる
2	是	shì	です、である
6	是啊	shì'a	そうですね、そうだよ
9	时代	shídài	時代
5	〜是〜，但是〜	shì〜, dànshì	〜ですが、しかし〜
7	是〜的	shì 〜de	〜たのだ
8	时间	shíjiān	時間
8	世界	shìjiè	世界
4	食堂	shítáng	食堂
3	十一国庆节	ShíYī Guóqìngjié	10月1日建国記念日、国慶節
4	时装	shízhuāng	ファッション
6	柿子	shìzi	カキ
2	手机	shǒujī	携帯
9	手绢儿	shǒujuànr	ハンカチ
2	书	shū	本、書物
9	熟	shú, shóu	〜に慣れる、習熟する
9	书包	shūbāo	カバン
4	书店	shūdiàn	書店
6	舒服	shūfu	気分がいい、心地がいい
3	睡觉	shuì jiào	寝る
0	数码	shùmǎ	デジタル
10	水平	shuǐpíng	水準、レベル
4	书架	shūjià	本棚

3	暑假	shǔjià	夏休み
10	顺利	shùnlì	順調だ
0	说	shuō	話す、言う
10	说服	shuō fú	説得する
5	说话	shuō huà	話しをする
2	硕士	shuòshì	マスター
7	熟人	shúrén	知人、知り合い
1	数学	shùxué	数学
8	数一数	shǔyìshǔ	数えてみる
0	四	sì	四、4
3	四季	sìjì	四季
6	送	sòng	見送る、送る
7	送	sòng	贈呈する、あげる、贈る
6	岁	suì	歳
5	虽然〜但是〜	suīrán 〜 dànshì	〜けれども〜、 〜しかし〜
2	所	suǒ	(助数詞)校、軒
4	宿舍	sùshè	寮

T			
1	他	tā	彼
1	她	tā	彼女
1	它	tā	それ、あれ
4	太〜了	tài 〜 le	あまりにも〜、 非常に〜
8	太极拳	tàijíquán	太極拳
5	台球	táiqiú	ビリヤード
1	他们	tāmen	彼たち
1	她们	tāmen	彼女たち
1	它们	tāmen	それら
5	弹	tán	弾く、演奏する
9	躺	tǎng	横たわる
1	特别	tèbié	とりわけ、特に
4	踢	tī	蹴る
8	题	tí	問題
3	天黑	tiān hēi	日が暮れる
3	天亮	tiān liàng	夜が明ける
10	天气	tiānqì	天気
5	跳舞	tiàowǔ	踊る
1	听	tīng	聞く
9	听懂	tīng dǒng	聞いてわかる
9	听见	tīng jiàn	聞こえる
10	听力	tīnglì	リスニング

8	听说	tīngshuō	耳にする、聞いている
5	体育	tǐyù	スポーツ、体育
4	体育馆	tǐyùguǎn	体育館
6	体重	tǐzhòng	体重
2	同班	tóngbān	同じクラス
2	同学	tóngxué	クラスメート
10	偷	tōu	盗む
0	兔	tù	ウサギ
4	腿	tuǐ	足(くるぶしから足の つけ根まで)
0	推特	tuītè	ツイッター
4	图书馆	túshūguǎn	図書館

W			
4	外	wài	外
4	外边	wàibiān	外
3	外面	wàimiàn	外
9	〜完	wán	〜しおわる
0	万	wàn	万
4	晚饭	wǎnfàn	夕食
9	旺	wàng	盛んだ
9	忘	wàng	忘れる
4	忘啦	wàng la	わすれたか
4	忘了	wàng le	わすれた
9	网红	wǎnghóng	ネット上の人気者、 インフルエンサー
5	网球	wǎngqiú	テニス
0	网页	wǎngyè	ウェブページ
7	玩儿	wánr	遊ぶ
3	晚上	wǎnshang	夜
4	喂	wéi, wèi	もしもし
9	位	wèi	(人を数える助数詞)
9	微博	Wēibó	ウェイボー、 ミニブログサイト
5	未成年人	wèichéngniánrén	未成年
0	微软	Wēiruǎn	マイクロソフト
5	威士忌	wēishìjì	ウイスキー
6	问题	wèntí	質問、問題
2	文学	wénxué	文学
5	文艺	wényì	文学・芸術
1	我	wǒ	わたし
1	我们	wǒmen	わたしたち
0	五	wǔ	五

4	午饭	wǔfàn	昼食
2	物理	wùlǐ	物理
3	五一劳动节	Wǔ Yī Láodòngjié	5月1日メーデー

索引

X

0	细	xì	細い
2	系	xì	学部
7	戏	xì	舞台劇
5	喜欢	xǐhuan	〜が好き
4	下	xià	下
5	下	xià	くだる
4	下边	xiàbiān	下
10	下次	xiàcì	次回
3	下个星期	xià ge xīngqī	来週
3	下个月	xià ge yuè	来月
0	下课	xià kè	授業が終わる
9	下来	xiàlai	下りてくる
4	下面	xiàmiàn	下
0	先	xiān	先に
0	西安	xī'ān	西安
5	现代艺术	xiàndàiyìshù	現代芸術
4	想〜	xiǎng〜	〜したい
4	想起来了	xiǎng qǐlai le	思い出した
3	现在	xiànzài	現在、いま
6	小	xiǎo	若い、小さい
5	小动物	xiǎodòngwù	小動物
5	小号	xiǎohào	トランペット
10	笑话	xiàohua	あざ笑う、笑い話
4	小卖部	xiǎomàibù	売店、購買
9	小鸟	xiǎoniǎo	小鳥
7	小时	xiǎoshí	時間、60分間
7	小说	xiǎoshuō	小説
5	小提琴	xiǎotíqín	バイオリン
10	小偷儿	xiǎotōur	スリ、盗人
7	消息	xiāoxi	ニュース
2	小学	xiǎoxué	小学校
9	下去	xiàqu	下りていく
6	下山	xiàshān	下山する
3	夏天	xiàtiān	夏
3	下午	xiàwǔ	午後
7	下下个月	xiàxià ge yuè	再来月
3	下星期	xiàxīngqī	来週
4	下雪	xià xuě	雪が降る

10	下学期	xiàxuéqī	来学期
4	下雨	xià yǔ	雨が降る
7	写	xiě	書く
4	斜对面	xiéduìmiàn	斜め向かい
4	斜后方	xiéhòufāng	斜め後ろの方
4	谢谢	xièxie	ありがとう
6	西瓜	xīguā	スイカ
9	习惯	xíguàn	習慣、〜に慣れる
9	新	xīn	新しい
4	心愿	xīnyuàn	願い、望み
1	姓〜	xìng	(姓)〜という
0	星巴克	Xīngbākè	スターバックス
1	幸福	xìngfú	幸せである
3	星期几	xīngqī jǐ	何曜日
3	星期日	xīngqīrì	日曜日
3	星期天	xīngqītiān	日曜日
3	星期一〜六	xīngqīyī〜liù	月曜〜土曜日
8	行万里路	xíngwànlǐlù	万里の道を行く
7	新宿	Xīnsù	新宿
4	熊	xióng	クマ
6	兄弟	xiōngdì	兄弟
4	熊猫	xióngmāo	パンダ
3	修学	xiūxué	修学
6	选	xuǎn	選ぶ
1	学	xué	学ぶ
9	学好	xué hǎo	マスターする
9	学会	xué huì	習ってできる、マスターする
7	学姐	xuéjiě	(学校の女の)先輩
9	学期	xuéqī	学期
2	学生	xuésheng	学生
1	学生们	xuéshengmen	学生たち
9	学完	xué wán	習い終わる
6	学习	xuéxí	学習する
3	学校	xuéxiào	学校

Y

6	呀	ya	〜よ、〜ね、〜わ (肯定・催促・勧誘などの語気を表す)
0	雅虎	Yǎhǔ	ヤフー
7	演出	yǎnchū	公演、上演 (する)
0	研发	yánfā	研究開発をする
9	眼睛	yǎnjing	目

2	研究生	yánjiūshēng	大学院生
4	研究所	yánjiūsuǒ	研究所
9	燕子	yànzi	ツバメ
3	阳历	yánglì	太陽暦
6	要~	yào	~しなければならない
9	要不	yàobu	なんなら
5	摇滚	yáogǔn	ロック
0	芽儿	yár	芽
1	也	yě	~も
3	夜里	yèli	夜中
3	夜晚	yèwǎn	夜中
0	爷爷	yéye	(父方の)おじいさん
0	一	yī	一
0	疑	yí	疑う
0	椅	yǐ	椅子
0	亿	yì	億
10	一~就~	yì ~ jiù	~すると、すぐ~
5	一般	yìbān	普通である、まあまあ、そこそこ
7	衣服	yīfu	服
8	一共	yígòng	あわせて、全部で
3	以后	yǐhòu	以降、以後
4	一家	yìjiā	一軒
9	已经	yǐjīng	すでに
3	阴历	yīnlì	太陰暦、陰暦
6	应该~	yīnggāi	~べきだ
3	英国	Yīngguó	イギリス
1	英文	Yīngwén	英語
1	英语	Yīngyǔ	英語
10	因为~所以~	yīnwèi ~ suǒyǐ	~だから、~なので、(その結果)~だ
1	音乐	yīnyuè	音楽
3	音乐会	yīnyuèhuì	コンサート、音楽会
3	一起	yìqǐ	いっしょに
3	以前	yǐqián	以前
10	一切	yíqiè	すべて
0	意思	yìsi	意味
10	义务活动	yìwùhuódòng	奉仕活動 ボランティア活動
10	一些	yìxiē	ある程度の
2	一样	yíyàng	同じだ
4	用	yòng	使う、使用する
7	用	yòng	つかう、かかる
4	有	yǒu	ある、いる

4	右	yòu	右
4	右边	yòubiān	右
9	邮件	yóujiàn	メール
0	有了	yǒu le	あった
4	右面	yòumiàn	右
10	游人	yóurén	観光客、見物客
5	有事	yǒu shì	用事がある
5	游戏	yóuxì	ゲーム
1	有一点儿	yǒuyìdiǎnr	少し、やや
1	有意思	yǒuyìsi	面白い
5	游泳	yóu yǒng	泳ぐ、水泳をする
10	鱼	yú	魚
5	雨	yǔ	雨
7	远	yuǎn	遠い
3	元旦	Yuándàn	元日、元旦
8	愿意~	yuànyì	~したい
0	预备齐	yùbèiqí	せーの!、1・2の3!
5	运动	yùndòng	運動(する)
4	运动会	yùndònghuì	運動会
6	预习	yùxí	予習(をする)

Z			
4	在	zài	いる、ある
10	再	zài	さらに、なおさら
0	再见	zàijiàn	さようなら
1	咱们	zánmen	わたしたち
4	早饭	zǎofàn	朝食
4	早就~了	zǎojiù ~ le	早くから~だ、ずっと前から~だ
3	早上	zǎoshang	朝
5	早退	zǎotuì	早退する
4	杂志	zázhì	雑誌
8	增长	zēngzhǎng	増加する
3	怎么	zěnme	どのように、どう
2	怎么样	zěnmeyàng	どう、どのように、どうですか
3	怎样	zěnyàng	どのように
0	炸	zhá	揚げる
0	站	zhàn	立つ
7	张	zhāng	(助数詞)枚
10	长大	zhǎngdà	成長する、大人になる
10	找	zhǎo	探す、訪ねる
6	照片	zhàopiàn	写真

1	赵伟	Zhào Wěi	趙偉（人名）	2	中国人	Zhōngguórén	中国人
9	〜着	zhe	〜してある、〜している、〜のまま	4	中间	zhōngjiān	あいだ、真ん中
2	这	zhè, zhèi	これ	3	中秋节	Zhōngqiūjié	中秋節
10	这次	zhèicì	今度	5	中提琴	zhōngtíqín	ビオラ
8	这句话	zhèijùhuà	この言葉、この言い方	1	中文	Zhōngwén	中国語
3	这里	zhèli	ここ	3	中午	zhōngwǔ	昼、正午
3	这么	zhème	このように	2	中学	zhōngxué	中学・高校
3	这么样	zhèmeyàng	このように	3	周年	zhōunián	周年
1	真	zhēn	本当に	8	周游	zhōuyóu	周遊する
2	真的	zhēnde	本当に	10	祝	zhù	祈る
3	〜整	zhěng	ちょうど（〜時）	2	专业	zhuānyè	専門、専攻
4	正在〜呢	zhèngzài〜ne	〜している	6	珠峰	Zhūfēng	チョモランマ、エベレスト
4	正中间	zhèngzhōngjiān	ど真ん中	4	桌子	zhuōzi	机、テーブル
10	真巧	zhēnqiǎo	折よく、タイミングが良い、ちょうど都合よく	0	字	zì	文字
				10	自己	zìjǐ	自分で、自己
3	这儿	zhèr	ここ	7	自行车	zìxíngchē	自転車
2	这些（个）	zhèxiē(ge)	このいくつかの	3	走	zǒu	行く、出発する
3	这样	zhèyàng	このように	9	走	zǒu	歩く
2	这（一）［个］	zhè(yí)[ge]	これ、この	7	走着	zǒuzhe	歩いて
8	知道	zhīdao	知っている	4	左	zuǒ	左
1	指教	zhǐjiào	指導する	4	做	zuò	〜をやる、〜をする
5	质量	zhìliàng	品質	7	坐	zuò	乗る、乗車する、座る
4	智能手机	zhìnéngshǒujī	スマートフォン	4	左边	zuǒbiān	左
0	汁儿	zhīr	汁	4	左面	zuǒmiàn	左
10	志愿者	zhìyuànzhě	ボランティア	3	昨天	zuótiān	昨日
4	中	zhōng	中	9	做完	zuò wán	やり終わる
8	中餐厅	zhōngcāntīng	中華料理店	0	座位	zuòwèi	席
0	中国	Zhōngguó	中国	4	作业	zuòyè	宿題
				4	足球	zúqiú	サッカー

二訂版
エッセンシャル チャイニーズ
core
― 中国語の要 ―

著　者
千葉工業大学教授　廖　　伊庄
千葉工業大学教授　利波雄一
千葉工業大学准教授　砂井紫里

2020. 4. 1　初版1刷発行
2023. 4. 1　二訂版1刷発行

発行者　井　田　洋　二

〒101-0062　東京都千代田区神田駿河台3の7
電話　東京03（3291）1676　FAX 03（3291）1675
発行所　振替　00190-3-56669番
E-mail：edit@e-surugadai.com
URL：http://www.e-surugadai.com

株式
会社　駿河台出版社

㈱フォレスト

ISBN978-4-411-03147-1　C1087　￥2300E